LA

NATION ARMÉE

CLICHY — IMPRIMERIE PAUL DUPONT

12, RUE DU BAC-D'ASNIÈRES.

LA
NATION ARMÉE

PAR

Le Général de division DE WIMPFFEN

PARIS

E. DENTU, LIBRAIRE-ÉDITEUR,

PALAIS-ROYAL, 15-17-19, GALERIE D'ORLÉANS.

—

1876

Malheur aux vaincus !

Ces mots funèbres ont, à plusieurs reprises,
frappé au cœur la France dont la population
n'avait point été préparée à se substituer à ses
armées vaincues.

Nous disons : malheur au chef de l'État, qu'il
soit roi, empereur ou président de république,
qui n'aura pas fait revivre l'esprit militaire de la
nation, qui n'aura pas rendu tous les citoyens
aptes à assurer son indépendance et l'intégrité
de son territoire.

Que ce chef responsable ait ses cendres jetées
à la mer pour qu'elles n'aient point à souiller le
sol de la patrie ; que sa famille soit à jamais
bannie !...

Le général

DE WIMPFFEN.

Paris, le 19 octobre 1870.

NATION ARMÉE

CHAPITRE PREMIER

ORGANISATION. —
PHALANGE. — LÉGION. — INVASION DES BARBARES. —
MOYEN AGE.

Dans la situation actuelle de notre pays, il nous a
semblé que le premier de tous les devoirs était de
rechercher les moyens les plus propres pour refaire la
France grande et forte, et cette étude nous a mené
tout naturellement à conclure qu'il fallait que ses institutions fussent en parfait accord avec ses aspirations.

La France, après les terribles revers qu'elle vient
de subir, a besoin que ses représentants la replacent
dans une situation digne d'elle en lui permettant de
satisfaire à toutes les éventualités.

Elle est dans l'attente et enregistre les efforts de
ses mandataires; elle tend, de plus en plus, à leur demander compte des résultats obtenus; elle se fatigue
de discussions stériles, prodiguées dans des intérêts
de parti et non pour alléger ses souffrances. Il lui
tarde de savoir s'il n'y a point d'autres topiques à ses
maux que des impôts de détail, mal établis, entravant
son commerce, compromettant son industrie; que des
mutations de personnes au seul point de vue politique,
que de timides procédés pour organiser ses forces militaires.

La France veut que sa situation soit assurée par
une application plus radicale et plus juste d'une contribution basée sur la fortune de chacun, par ses charges publiques amoindries, et par le judicieux emploi de
la nation armée. Elle repousse tout nouvel emprunt
destiné à couvrir des déficits et qui ne fait qu'augmenter ses charges. Elle sent, enfin, qu'il faut opposer
une barrière à une décadence que nos derniers mal-
heurs lui ont permis d'apprécier.

En ce qui concerne nos luttes à venir, il convient de
proclamer bien haut qu'elles ne peuvent avoir des résultats heureux que si l'on a des troupes nombreuses,
instruites et disciplinées, avec la certitude d'y pouvoir
consacrer, au moment opportun, des ressources financières considérables; surtout aujourd'hui où il ne s'agit

plus seulement de lancer une armée contre une autre, mais bien d'appeler à s'entre-choquer toutes les forces vives des grandes nations.

« Pour entreprendre une guerre, dit Montécuculli, les préparatifs en soldats, en matériel d'artillerie, en munitions, en bagages et en argent doivent être grandement prévus. »

C'est ce que n'a pas su faire l'Empire, sous Napoléon III ; c'est ce que doivent assurer ceux qui, après lui, prennent charge de nous gouverner.

Des souverains prévoyants n'ont rien négligé pour assurer le succès de leurs entreprises militaires. Henri IV possédait, au moment où il se préparait à marcher contre la maison d'Autriche, un fonds de réserve de 60 millions. Frédéric II de Prusse, malgré l'exiguïté de son royaume et malgré ses faibles revenus, possédait une réserve de 30 millions, au début de ses luttes glorieuses. Napoléon Ier avait encore, après ses désastres, 300 millions pour les besoins de la guerre. En 1870 le roi de Prusse possédait une puissante réserve ; devenu empereur d'Allemagne, il a plus d'un milliard de disponible en cas de guerre.

Sachons, à notre tour, procéder de façon à pouvoir user, d'une manière immédiate et facile, de ressources considérables ; ce qu'on n'obtiendra qu'en limitant nos dépenses, tout en accordant une large part à ce qui peut assurer notre sécurité.

Le seul procédé susceptible d'assurer la défense de notre territoire d'une façon économique, c'est de répandre dans toutes les classes de la société cet es-

prit militaire et cette connaissance des armes qui viennent de lui faire défaut; c'est que tous les citoyens en
état de marcher et de combattre fassent partie, soit
de l'armée active, soit des corps régionaux, soit des
milices; c'est que la France, enfin, soit une nation
armée.

Les restrictions apportées à ce système de la nation armée sont dues au manque de confiance des
gouvernants dans les sympathies nationales et à la
crainte d'agitations intérieures nuisibles à leur pouvoir.

Crainte vaine et puérile que peut seul avoir un gouvernement peu confiant dans ses propres institutions.

C'est à ce manque de confiance dans le courage et
le dévouement d'une population non préparée par une
éducation militaire, qu'on doit la pensée de couvrir
notre vaste territoire d'un nombre infini de forteresses.
On ne peut trop protester contre cette manière rui-
neuse et médiocrement utile de nous sauvegarder.
Nous dirons donc: Ne construisez en places de guerre
que ce qui est d'une urgence incontestable; résistez à
l'influence d'ingénieurs habiles, plus amoureux de leur
art que tacticiens et ne sachant point assez approprier
leurs remparts au bon emploi des forces du pays.

Évitez cette tendance qui se manifeste de multiplier
les casernes. Créez au contraire pour chacun de vos
corps d'armée, ou pour chacune de vos divisions, un
camp de manœuvres, où devront séjourner, d'une manière constante, une fraction de leurs troupes.

Souvenons-nous qu'il est prouvé que les troupes dispersées dans des garnisons y perdent de leurs qua-

lités militaires ; et que celles qui séjournent dans des camps, s'y livrant à tous les travaux de la guerre, y acquièrent toutes les qualités qui font d'utiles officiers et de bons soldats.

Nous lisons dans un ouvrage anglais, d'un écrivain militaire distingué, le général L. Loyd : « Une armée ne saurait acquérir de la force, de la subordination et une bonne discipline, si on ne la tient, en temps de paix, réunie en corps occupés à répéter les manœuvres et à se maintenir dans les habitudes du service en campagne. » Et encore : « Les armées se corrompent par une longue paix, lorsqu'elles sont dispersées dans un vaste pays où il est difficile de les rassembler pour entrer en campagne, et elles n'y peuvent jamais entrer que fort tard. »

Ces principes, énoncés en 1770, ne sont-ils pas applicables à l'état dans lequel se trouvait notre armée en 1870 ?

Il faut aujourd'hui à la France un tout autre régime que celui qui a contribué à nos derniers revers.

La royauté, depuis 1815, avait laissé s'amoindrir l'éducation virile propre à entretenir la nation dans cet esprit guerrier nécessaire à son soutien, et l'Empire a exagéré encore cet amoindrissement sous prétexte de favoriser l'extension des arts et des produits de la paix.

Refaisons cette éducation ; créons des écoles de tir jusque dans les moindres villages. Formons des camps pour y réunir les troupes de première ligne et les réservistes, afin de les y habituer aux manœuvres de guerre ; ayons des emplacements disposés de manière à pouvoir, avec facilité et promptitude, y concentrer les corps régionaux et même la garde nationale.

Devenons un peuple de soldats, où tout homme valide puisse, à la fois, être agriculteur, commerçant, industriel ou savant et apte à manier une épée ou un fusil pour assurer l'indépendance de la patrie.

C'est par ces procédés que la Prusse, où tout homme est militaire, a conquis sa supériorité sur ses voisins.

Le concours de tous pour la même œuvre, ignorants ou capables, riches ou pauvres, peut seul nous assurer une complète sécurité et nous rendre la part d'action qui nous revient dans les affaires du monde.

Imitons les Romains qui, à l'époque de leur plus grande gloire, formaient tous les citoyens au métier des armes, et chez lesquels tout homme pouvait prétendre à tous les emplois civils et militaires; c'est-à-dire être censeur, tribun, prêtre, consul et général.

PHALANGE ET LÉGION.

Les peuples civilisés qui dominèrent les autres par les armes, dans l'antiquité, les Grecs et les Romains, organisèrent une infanterie qui fut le plus puissant moyen d'action sur les champs de bataille.

Les Grecs eurent la phalange, corps profond de fantassins armés de longues piques et d'épées, manœuvrant tout d'une pièce dans les plaines, mais ne sachant rompre par divisions qu'avec lenteur et en dehors de la lutte. Cette masse profonde, aux rangs pressés, les premiers poussés par ceux placés en arrière, remplaçant les morts et les blessés, marchait quand même sans que son front en fût moins large et moins continu. La phalange voyait ainsi se briser, lorsqu'ils se ruaient contre elle, des flots de barbares mal armés et combattant sans méthode.

C'est à cette solide infanterie qu'Alexandre dut en partie ses succès contre les tumultueuses armées des Perses et autres nations asiatiques.

Mais les moindres accidents de terrain entravaient la phalange et elle n'avait, dans son organisation, rien qui lui permît de s'éclairer ou d'achever de vaincre un ennemi se retirant en désordre.

Il lui fallait dès troupes légères qui, souvent trop indépendantes de son action, ne remplissaient pas toujours, envers elle, le rôle que les circonstances pouvaient nécessiter.

Les Romains, qui leur succédèrent comme souverains maîtres dans la guerre et qui étendirent leur domination sur presque tous les peuples connus de l'ancien monde, cherchèrent, chez tous leurs ennemis, ce qui pouvait assurer leur suprématie militaire. Ils surent éviter, dans la formation de leur infanterie, cette absence de mobilité et de ressources qu'ils constatèrent dans la phalange, dont la puissance était dans sa masse et sa force d'impulsion.

La légion romaine eut des éléments de choc et de résistance presque égaux; de plus, une mobilité et des moyens d'action répondant à toutes les éventualités.

La légion fut alors un corps parfait où les hommes pesamment armés, du nom de hastats, de princes et triaires étaient la résistance et le choc; où l'armée à la légère, du nom de vélite, remplissait les fonctions d'éclaireur ou de tirailleur. Ces vélites, pourvus d'un léger bouclier, d'une épée, d'un javelot, de flèches ou de frondes, choisis parmi les hommes les plus jeunes et les plus actifs, étaient d'une extrême mobilité; s'abritant derrière les hastats, les princes et les triaires, ils savaient profiter des moindres incidents favorables pour se remettre en ligne, tirer sur l'ennemi, le poursuivre et l'achever. Ils se mêlaient parfois à la cavalerie et en étaient un appoint sérieux.

Deux écrivains célèbres, Tite-Live et Polybe constatent l'importance de leur rôle, et ce dernier détermine leur effectif et le rang qu'ils occupaient dans la légion.

Une légion de 4,000 hommes comportait :

Hastats .	1,200	
Princes	1,200	4,000
Triaires	600	
Vélites	1,000	

Légion de 5,000 hommes :

Hastats	1,600	
Princes	1,600	5,000
Triaires	600	
Vélites	1,200	

Légion de 6,000 hommes :

$$\left.\begin{array}{lr}\text{Hastats} \dots\dots & 1,920 \\ \text{Princes} \dots\dots & 1,920 \\ \text{Triaires} \dots\dots & 600 \\ \text{Vélites} \dots\dots & 1,560\end{array}\right\} 6,000$$

On voit, par cette simple énumération, l'importance attachée à ces vélites dans les opérations de la légion romaine. Il n'entre point dans ma pensée d'exposer ici le rôle rempli par chaque fraction dénommée ci-dessus, je dirai seulement que les triaires étaient utilisés comme réserve et suivant les besoins de la bataille.

Cette organisation savante fut modifiée au temps de Marius et les hastats et même des troupes auxiliaires remplirent le rôle de troupes légères. Lors de la décadence de l'empire et dans les armées gréco-romaines, la légion perdit jusqu'à son nom.

INVASION DES BARBARES. — MOYEN AGE.

L'invasion des Barbares, anéantissant l'empire romain, fit peu à peu disparaître tout ordre régulier dans les combats et dans les batailles. Ces destructeurs ne conservèrent rien de la tactique de leurs maîtres et ne surent bientôt plus opérer que par masses confuses, au mélange de toutes les armes. Le nombre et le courage seuls assuraient le succès, en dehors de toutes combinaisons.

En se partageant les diverses provinces de l'empire,
les vainqueurs s'assujettirent les populations comme
vassaux ou comme serfs ou esclaves. Ils ne combattirent plus qu'à cheval et suivis de leurs sujets.

De cette nouvelle organisation sociale sortirent des
fiefs de toutes sortes : principautés, duchés, baronnies
et enfin une chevalerie où tout homme noble avait seul
le droit de figurer. Ces chevaliers bardés de fer, ainsi
que leurs chevaux, étaient armés d'une longue lance,
d'une massue ou de longues et larges épées.

La guerre ne devint plus qu'un champ clos, où ces
seigneurs se réunissaient pour en venir aux mains ; où
les plus adroits et les plus forts assommaient leur
adversaire, plus qu'ils ne le tuaient de la pointe ou du
tranchant de leur épée. Toute autre cavalerie, combattant d'une façon à peu près régulière, disparut, et les
vilains ou serfs accompagnant leurs maîtres ne méri-
tèrent plus généralement d'être considérés que comme
hommes de pied, incapables d'une sérieuse résistance.

Les serfs allaient à la bataille pour venir en aide à
leur seigneur, lui servir d'abri lorsqu'il voulait respirer
et faire reposer son cheval, après une lance fournie ;
ou l'enlever blessé ou meurtri de la mêlée. Rôles
funestes où ces serviteurs étaient souvent victimes de
leur dévouement.

Ces masses fort méprisées d'abord, mieux ordonnées plus tard servirent à des travaux divers. Maréchaux ferrants, guérisseurs, constructeurs de chariots
et d'engins de toutes sortes, ils acquirent certaines
prérogatives ; puis, suffisamment armés, ils servirent

à manœuvrer les machines de guerre, à faire des retranchements et à concourir à leur défense. Ce nouvel
emploi des hommes de pied se développa au fur et à
mesure que les communes obtinrent leur indépendance
et le droit de sauvegarder leurs franchises ; ces réunions ou bandes se donnèrent des chefs et eurent leurs
bannières.

Commandées d'abord par les plus braves d'entre
eux, souvent par leur curé, puis par des chevaliers
sans fortune, heureux de trouver un rôle à remplir,
elles le furent enfin par des guerriers connus et même
des plus grands personnages. Ces masses eurent, à
partir de ce moment, une part décisive dans l'affermis-
sement du pouvoir royal, dans le développement de la
sécurité publique et dans l'expulsion des envahisseurs
de tous les pays.

Ces premières formations d'infanterie, composée en
grande partie d'arbalétriers et de piquiers, assem_
blâge accidentel d'hommes peu instruits et médiocrement disciplinés, amenèrent peu de changements dans
la manière de combattre des guerriers bardés de fer ;
cependant il en sortit des corps qui acquirent une
grande importance.

Les archers anglais, en 1356, contribuèrent beaucoup à l'échec considérable subi par la noblesse française à la bataille de Poitiers, où un roi de France et
ses plus illustres chevaliers furent faits prisonniers.

En 1476, un petit peuple montagnard, combattant
pour son indépendance, ayant su se former en phalange armée de longues piques, infligeait, à Grandson

et à Morat, des pertes cruelles à la plus nombreuse, à la plus brillante, à la plus redoutée chevalerie de l'Europe, que commandait le duc de Bourgogne, Charles le Téméraire.

Malgré d'incontestables services rendus, la concentration des troupes fournies par les communes ne répondant pas toujours assez vite et sans récrimination de la part de celles-ci, aux exigences souveraines, les guerres étant parfois plus personnelles que nationales, le pouvoir chercha à s'en affranchir en organisant une cavalerie soldée et permanente, refuge de la noblesse pauvre ; puis une infanterie composée au début d'aventuriers de tous les pays. Brantôme dit d'eux : « Tous manants, bellitres, mal armés, mal complexionnez, fainéants, pilleurs et mangeurs de peuple. »

Philippe-Auguste fut le premier roi qui prit à sa solde des hommes armés en dehors de la noblesse et des communes. Ces milices, licenciées et reprises par lui, ainsi que par ses successeurs, formèrent ces redoutables bandes de routiers, de brabançons, de bandits et même de chevaliers sans vergogne que Duguesclin mena en Espagne, pour en délivrer la France.

On ne peut mieux peindre cette époque, l'esprit qui anime ces bandes, et l'illustre Breton lui-même, qu'en rapportant ce qui lui advint avec le souverain pontife, alors dans Avignon. En entrant dans le Comtat Venaissin, Duguesclin fit demander au pape sa bénédiction pour sa personne et pour ses bandes, plus cent mille écus d'or, environ 12 millions. Urbain V consentit à donner sa bénédiction à des bandits et à leur chef, mais refusa l'argent.

Les habitations furent envahies ; les hommes, les femmes et les enfants massacrés ; les pucelles et dames de grand nom violées ; les églises profanées ; maints joyaux, calices de moustiers et argent enlevés ; Avignon fut menacée d'être prise d'assaut. Ces violences déterminèrent le pape à accorder ce qu'on exigeait d'une si rude façon, et les habitants de la ville durent fournir la contribution en argent. Ce qu'apprenant Bertrand Duguesclin, dit son historiographe, il donna un libre cours à son indignation en termes peu révérencieux, déclarant qu'il voyait dans le clergé des chrétiens pleins de convoitise et de mauvaise foi; que la vanité, l'avarice, l'orgueil et la cruauté étaient dans l'Église ; que ceux qui devaient donner leurs biens pour la cause de Dieu étaient ceux qui prenaient partout, tenaient leurs coffres le mieux fermés et ne donnaient jamais rien du leur.

Le prévôt d'Avignon lui ayant présenté l'impôt levé:

« Prévôt, dit Bertrand, je vous certifie que je n'en prendrons un denier, si ce n'est de l'avoir venant de la clergie; faites savoir au pape de prendre la somme de son propre trésor ; et dites-lui encore qu'il ne soit reculé, car, si je le savais et que je fusse outre mer, je retournerais et le pape en serait mie content. »

En conséquence, les cent mille écus d'or furent fournis par le trésor pontifical, et absolution pleine et entière accordée à Duguesclin et à toute son armée.

CHAPITRE

DE L'INFANTERIE MODERNE.

ORGANISATION DE L'INFANTERIE.

Le premier essai d'une infanterie régulière et permanente eut lieu au temps de Charles VII ; il créa les francs archers, corps supprimé par Louis XI. Ce prince prescrivit le recrutement de 10,000 hommes d'infanterie, par voie d'enrôlement volontaire ; ces recrues étaient payées par un impôt obtenu des communes. Afin de façonner cette troupe aux pratiques de la guerre, on y adjoignit 6,000 Suisses : les premiers étrangers entrés à la solde de la France. Ces Suisses formaient à cette époque l'infanterie la plus disciplinée, la plus manœuvrière et la plus redoutée de l'Europe.

Les successeurs de ce souverain se servirent nonseulement de contingents suisses, mais encore de troupes tirées d'Allemagne, contrée où l'on nous pré-

cédait dans l'emploi mieux raisonné du soldat fantassin ;
ce nouvel emprunt étranger fit négliger davantage les
milices nationales. Les mercenaires, tout en offrant de
grands avantages, se montrèrent si difficiles à commander et si exigeants pour leur solde, passant souvent du côté du plus offrant au moment d'une bataille, que François Ier se détermina à tenter un emploi judicieux et considérable des populations de son
royaume.

Il créa sept corps de 6,000 hommes chacun, et leur
donna une organisation qui mérite d'être relatée, car
elle a été la base de notre constitution militaire actuelle.

Versé dans l'étude de l'histoire, ce prince donna à
ses troupes le titre de légion ; réminiscence et imitation de ce qu'avaient pratiqué les Romains. Les légions prirent en outre le nom des provinces d'où sor-
tait une partie de leur contingent et qui pourvoyaient
à leurs dépenses. De là les légions de Normandie, de
Bretagne, de Picardie.... Elles formèrent un effectif de
42,000 hommes, dont 12,000 arquebusiers et 30,000
piquiers ou hallebardiers. Chaque légion avait six
capitaines, dont l'un ayant titre de colonel et le commandement général. Sous chaque capitaine ou commandant de 1,000 hommes étaient deux lieutenants,
deux enseignes, dix centeniers, quarante chefs d'es-
couade, quatre fourriers, six sergents de bataille,
quatre tambours et deux fifres.

On voit là, à peu près, l'organisation de nos bataillons, si ce n'est que nous avons considérablement
augmenté les cadres.

Cette formation, où l'on remarque l'emploi de l'arquebuse et de la pique, démontre combien, depuis la découverte de la poudre, avait été grand le développement des armes à feu. Ces nouveaux engins rendaient plus dangereuse qu'utile une trop lourde chevalerie, en modifiaient le rôle ainsi que l'armement et donnaient naissance à une cavalerie légère qui prenait une assez rapide extension, surtout en pays étranger.

L'infanterie, grâce à sa nouvelle arme, adoptait en partie la tactique ancienne ; le piquier remplissant le rôle de l'homme pesamment armé, le porte-mousquet celui de l'homme armé à la légère, allant en éclaireur et en tirailleur, préparant ainsi et facilitant la marche de l'ensemble de la troupe. Ces légions, négligées, puis reconstituées sous Henri II, furent alors formées de quinze compagnies, l'effectif restant à 6,000 hommes.

Les troubles et les déchirements qui survinrent sous les règnes suivants remirent plus que jamais en faveur le système des bandes formées par des chefs de parti ou d'heureux aventuriers ; bandes s'élevant en temps de guerre à 6 ou 8,000 hommes, réduites en paix à 2 ou 300, ou disparaissant avec leur organisateur.

La France, durant cette même période, fut inondée de troupes étrangères, suisses, allemandes, espagnoles et anglaises qui s'obtenaient par conventions passées entre les cantons suisses ou les princes, ou même les villes libres ; elles nous arrivèrent sous un nouveau nom : celui de régiment.

Henri III consacrait ce nom en le donnant à deux

corps français, tout en maintenant celui de légion aux levées provinciales; ces deux régiments s'appelèrent : Bretagne et Picardie.

Henri IV en créa, à son avénement au trône, deux autres du nom de Navarre et de Champagne. Ces troupes, formées de plusieurs bandes et placées sous les ordres d'hommes de guerre capables de les maîtriser et de les instruire, devinrent le noyau de l'infanterie française. Elles se multiplièrent et prirent les noms des princes et des grands seigneurs chargés de les former.

Le maréchal d'Ancre, qui fut assassiné par Vitry, capitaine des gardes du corps de Louis XIII, avait levé, de ses propres deniers, un régiment de 6,000 hommes, dont 2,800 étaient Français. C'est ainsi que se constituait successivement cette infanterie à laquelle Louis XIV donnait une si grande extension, qu'il soumettait à des règles qui, depuis, n'ont été que peu modifiées.

Malgré cette augmentation des régiments qui absorbèrent ce qu'on appelait les vieilles et les jeunes bandes et qu'alimentaient des enrôlés volontaires, les légions n'en subsistèrent pas moins; diminuées ou licenciées suivant les besoins de la guerre, elles constituaient les milices. En 1668, ces légions reçurent même une organisation semblable à celle des régiments: elles furent composées d'habitants désignés dans les localités au prorata de leur population.

Ces miliciens, équipés et armés par les communes ou paroisses, payés par les provinces, étaient commandés par des officiers choisis parmi d'anciens militaires et parmi la noblesse. Ces citoyens, enrôlés pour deux ans, lorsque la paix leur permettait de rentrer chez eux, étaient soumis à *des revues et manœuvres constatant leur aptitude pour marcher et combattre.* Nous paraissons de nos jours, et avec grande raison, disposés à revenir à ce genre d'organisation. A la fin du règne de Louis XIV, la France étant ruinée en hommes et en finances, et, en outre, le gouvernement n'obtenant plus de contingents suffisants par le recrutement volontaire, on incorporait les miliciens dans les régiments, au lieu de les conserver en légions.

EMPLOI DE LA BAÏONNETTE.

L'invention de la baïonnette opérait, sous le règne dont nous venons de parler, de nouveaux changements dans l'emploi de l'infanterie. En 1642, en Flandre, le maréchal de Puységur avait l'heureuse idée d'en pourvoir des mousquetaires allant explorer la contrée. Cette baïonnette, formée d'une lame d'un pied de long, s'emboîtait dans le canon, opération lente et parfois dangereuse ; le soldat dépourvu de sang-froid la perdait ou la laissait dans le fusil en faisant feu. On la modifia en y soudant un coude de métal, ce qui permit de la laisser au mousquet et d'en faire, à la fois, une arme de jet et de pointe.

Le fusil armé de sa baïonnette aurait dû rapidement

faire disparaître la pique ; il n'en fut rien et nous lisons dans les historiens de l'époque de longues discussions à ce sujet.

Des commissions, dans le genre de celles créées en 1871, se disputèrent pour conserver les deux armes : la pique devant rester au corps de bataille et les hommes armés du fusil à baïonnette devant occuper les ailes. On s'y montrait partisan d'adopter le mode d'opérer du général Montécuculli à l'affaire du Raab, où les deux premiers rangs des régiments étaient formés de mousquetaires, suivis de trois rangs de piquiers, dont les longues armes les dépassaient et les défendaient mieux. La conclusion générale était que le fusil à baïonnette ne remplacerait jamais avantageusement la pique, à moins de lui donner de grandes proportions.

Les efforts de quelques illustres généraux, parmi lesquels se trouve Vauban, sorti de l'infanterie, firent cependant prévaloir l'emploi de la baïonnette. Les dragons, autant fantassins que cavaliers, en furent pourvus. Les grenadiers dispersés, d'abord dans les cadres des régiments, puis formés en compagnies, reçurent un fusil à baïonnette.

Mais il ne fallut rien moins qu'une protestation éclatante du piquier, en faveur du fusil, pour amener un changement radical.

En 1692, à la bataille de Steinkerque, l'armée du maréchal de Luxembourg, victorieuse contre celle commandée par le prince d'Orange, vit ses piquiers jeter leur arme pour s'emparer des fusils des soldats tués, blessés ou prisonniers. Enfin, en 1703, la baïonnette était préférée à la pique, et le fusil, ainsi complété, mais d'une longueur moindre, amenait une diminution dans le nombre de rangs et déterminait une nouvelle tactique.

Mais au fur et à mesure que se formaient ces régiments, ayant besoin du tact des coudes pour manœuvrer avec ordre et opposer une forte résistance, le besoin de troupes légères se faisait sentir. La cavalerie remplissait bien, en grande partie, le rôle de reconnaissance et de surprise, surtout dans un temps de luttes constantes, où elle avait été aguerrie et où elle était pleine d'audace ; mais il n'en manquait pas moins des fantassins sachant explorer les bois, gravir d'âpres montagnes et préparer certaines petites opérations de guerre.

En France, on prit d'abord des hommes d'élite dans les corps réguliers pour remplir cette mission, puis des aventuriers formés en compagnies et en bataillons ; ces compagnies subsistèrent jusqu'au siècle de Louis XIV. Cette catégorie montra une telle indiscipline, une insuffisance si grande et commit tant d'excès, qu'elle occasionna des plaintes violentes et donna lieu à de vigoureuses répressions. Les lettres de Condé et du maréchal de Turenne à Louvois les représentent comme ne pratiquant guère que le métier de brigands, ne respectant rien, massacrant pour le plaisir de verser du sang, et rendant stériles les terres par où ils passaient, de manière à n'y laisser aucune ressource aux armées.

Nous voyons tous les grands hommes de guerre user le moins possible de ces sortes de contingents. Ils les transformaient en corps réguliers qui, prenant alors d'autres allures, perdaient les notions propres aux préliminaires des combats.

Dans les puissances étrangères, nous remarquons que Gustave-Adolphe avait pour ces troupes légères une profonde aversion. Frédéric II, quoique en ayant fait usage, les appréciait si peu qu'au moment d'une guerre, après avoir su obtenir des capitaines une concentration considérable de ces sortes de combattants sous les murs de la ville de Wesel, il les faisait entourer par la garnison, leur enlevait leurs armes, en incorporait un certain nombre dans ses régiments, et forçait les officiers ainsi ruinés à aller tenter fortune ailleurs. Marie-Thérèse, n'ayant ni argent ni armée, et une grande guerre à soutenir, fit appel à tous les hommes en état de porter les armes; il vint de Hongrie des essaims de troupes légères coûtant peu, parce qu'elles préféraient le pillage à un entretien et à une solde régulière. Elles dévastèrent les contrées qu'elles eurent à occuper, et ne produisirent que des résultats très-contestables. Depuis, cet empire a maintenu des corps spéciaux, composés d'hommes tirés de la Croatie et du Tyrol, habiles tireurs et marcheurs intrépides. La Russie a également des corps de tirailleurs, utilisant ainsi les aptitudes de ses nombreuses et diverses populations. Ses Finlandais ont acquis, comme tireurs, une grande réputation.

La France, dépourvue d'hommes aux qualités spéciales, par suite de l'uniformité de son sol et de sa population, sentant aussi le besoin de corps d'éclaireurs, chercha à se créer une infanterie appropriée au rôle d'infanterie légère, et ses tentatives méritent d'être énumérées.

En remplacement des enfants perdus et aventuriers, on créa des grenadiers, hommes d'élite répartis dans les compagnies. En 1670, on en formait une compagnie dans un régiment, ensuite dans trente autres, puis une dans chaque corps, enfin une dans chaque bataillon. Ces hommes destinés dans le principe à jeter des grenades dans les fossés et retranchements, devinrent, en raison de leur nombre, des compagnies employées aux reconnaissances et aux opérations nécessitant force et vigueur. En 1741, Louis XV chargeait les légions du rôle de troupes légères ; elles furent licenciées à la paix survenue en 1756.

En 1743, le régiment des chasseurs Fischer, s'étant fort distingué, fut transformé en chasseurs-dragons en 1761, puis en légion de Conflans, infanterie et cavalerie, puis supprimé.

La guerre contre l'Autriche portait, par imitation, à créer des compagnies franches qui, malgré les services rendus par quelques-unes bien commandées, présentèrent de si graves inconvénients, qu'une des premières mesures du ministre de la guerre, le comte de Saint-Germain, fut de les supprimer. En 1760, le maréchal de Broglie prit dans son armée les hommes les plus lestes et les plus propres aux fatigues et en fit dans chaque bataillon une compagnie de chasseurs.

En 1776, on créa des bataillons de chasseurs, au nombre de douze, et à la même date les compagnies de grenadiers furent réduites à une par régiment. Mais ces troupes d'élite successivement créées, se consacrant à un double service, celui de troupes de ligne et celui d'éclaireurs, soumises à une instruction à peu près semblable à celle du soldat des régiments, et aussi lourdement équipées et armées, ne surent jamais remplir d'une manière satisfaisante le but pour lequel elles avaient été destinées.

Cette insuffisance, reconnue peu après leur formation, a été constatée, alors et depuis, dans des écrits de nos meilleurs généraux des guerres de la Révolution et de l'Empire.

CHAPITRE III

ORGANISATION DES ARMÉES.

Avant d'exposer l'opinion des hommes de guerre
de l'Empire, disons un mot des abus qui s'introduisirent
dans nos troupes après l'organisation assez complète
due en grande partie à Louis XIV; abus qui nuisirent
autant à nos ressources financières qu'à la bonne
constitution de notre armée.

La vénalité des charges et le caprice des souverains devinrent les seules voies procurant les grades,
et furent cause qu'il s'introduisit rapidement dans les
régiments et les hautes positions des hommes impropres à tout commandement.

Louis XIV avait établi quelques règles pour essayer d'amoindrir les effets de tels procédés; mais ses
successeurs ne mirent plus de limite dans la répartition des grades par contrats de vente leur procurant
de l'argent, si ce n'est, comme rare exception, pour
une fantaisie souveraine à satisfaire. L'homme sans
fortune, ou qui n'était pas d'une noblesse qui s'impose,

2

ne dut plus prétendre au moindre avancement, et le trafic des grades, s'étendant du chef de l'État aux chefs de corps, qui disposaient des emplois moindres, permit à ceux-ci, soit : les plus honnêtes, de rentrer dans les déboursés nécessités par l'achat de leur charge; les autres, de s'y créer de véritables ressources. Il n'est pas jusqu'aux sommes allouées pour maintenir les troupes à un certain effectif, pour leur assurer l'habillement et les vivres, qui ne fussent devenues un profit, ce qui nécessitait, au moment d'une guerre, de considérables dépenses pour l'État, afin d'avoir sous les armes un nombre suffisant de soldats bien armés et équipés.

Les succès de Frédéric II, qui sut lutter et amener à composition presque toute l'Europe, déterminèrent l'adoption non-seulement des manœuvres prussiennes, mais encore de sa dure discipline, indispensable peut-être pour les nombreux aventuriers formant la plus grande partie de son armée. On se mit à appliquer au soldat français, si nerveux et si susceptible, des coups de bâton et, pour des fautes légères, des coups de plat de sabre ; répressions d'autant plus prodiguées que les officiers étaient moins aptes à bien commander.

On a peine à se rendre compte comment un tel système a pu durer jusqu'à la Révolution. Les écrits de l'époque prouvent combien il était odieux et combien il faisait naître de résistances; on voit aussi que des chefs sages et autorisés par leur grand mérite cherchaient à en limiter l'application. L'incapacité des chefs, et surtout de ceux exerçant de grands commandements, était si notoire alors qu'un ministre de la guerre écrivait :

« J'avais choisi pour commander les troupes formées en divisions les généraux qui m'avaient paru les plus dignes et les plus capables ; les intrigues et la volonté du roi les firent remplacer par des hommes qui *n'avaient jamais servi*, qui n'avaient aucune notion du détail des troupes et qui étaient l'objet des plaisanteries des officiers et des soldats. »

« Combien de fois l'armée, disait le général de Wimpffen à l'Assemblée nationale, n'a-t-elle pas vu préférer aux officiers les plus expérimentés des jeunes gens qui, n'ayant encore usé que les souliers de l'école, apparaissaient à la tête des brigades et des divisions ! »

On ne peut mieux dépeindre le malaise général et le mécontentement qu'éprouvait alors l'armée qu'en donnant une appréciation de M. Thiers au sujet des gardes françaises, un des corps privilégiés destinés à la garde du roi :

« D'ailleurs, écrit-il, soldats et sous-officiers sentaient que toute carrière leur était fermée ; ils étaient blessés de voir leurs jeunes officiers ne faire presque aucun service, ne figurer que les jours de parade et, après les revues, ne pas même accompagner le régiment dans les casernes. *Il y avait là un tiers état qui suffisait à tout et ne profitait de rien.* »

Les longues luttes soutenues par Louis XIV, l'é-

puisement de nos ressources financières , l'impuissance et les folles dépenses de ses successeurs, des impôts mal répartis, tout appelait des réformes indispensables non-seulement dans l'armée, mais dans toutes
nos institutions; un roi, Louis XVI, animé de bonnes
intentions, mais faible et versatile, incapable de prescrire ou de faire fonctionner certaines améliorations,
contribuait à accélérer une révolution devenue inévi-
table.

En 1789, l'Assemblée nationale constatait tous les
abus préjudiciables à notre armée, et des hommes
considérables, qui n'étaient nullement révolutionnaires, préconisaient des réformes qui furent plus ou
moins adoptées, et dont plusieurs sont encore en telle
conformité avec notre situation et nos besoins, qu'il
est bon d'en relater quelques-unes :

D'abord les punitions corporelles furent supprimées;
la masse destinée à satisfaire aux besoins du soldat
fut rendue d'une application et d'une surveillance faciles:
mesure sage provoquée par le comte de La Tour du
Pin. Le citoyen Dubois-Crancé demande qu'on fasse
concourir tous les citoyens au service de l'armée et
qu'on n'admette aucun remplacement;

Le vicomte de Beauharnais : que le roi et son fils
soient seuls exempts du service militaire ;

Le comte de La Tour du Pin : qu'on conserve une partie de l'armée active sous les armes; que l'autre soit
renvoyée dans ses foyers, prête à rejoindre ses corps.

Le comte de Noailles dit: que l'armée, évaluée à 230,000
hommes, paraissait au comité de la guerre une force

dangereuse à conserver sur le pied de guerre en temps de paix ; qu'il suffisait qu'une partie seulement fût sous les armes et l'autre sans cesse prête à quitter ses foyers sur un décret de l'Assemblée ;

Dubois-Crancé : qu'il convenait d'organiser une garde nationale active, *destinée à maintenir l'ordre public en temps de paix* et à doubler l'armée en temps de guerre.

Le comte de Clermont-Tonnerre constate qu'un décret a été adopté, spécifiant que l'Assemblée législative déterminerait le nombre des individus de tous grades dont doit être composée l'armée.

Alexandre de Lameth propose que l'admission au grade d'officier n'ait lieu qu'à la suite d'examens de *capacité*, ancienneté et choix.

Le comte de Noailles s'élève contre le tableau arrêté par le roi et présentant un état-major trop nombreux.

Un décret du 1er janvier 1791 déclarait que le nombre des généraux employés ne dépasserait pas le chifre de 94.

Le grade de maréchal de France était supprimé, celui de général en chef devenait temporaire, il n'y out qu'un seul et même corps d'officiers généraux pour tous les services, et le luxe de trop nombreux états-majors fut considérablement amoindri.

On trouve dans les documents relatifs à cette époque, qu'au moment de ces réformes, une armée de moins de 200,000 hommes comptait : 11 maréchaux, 5 colonels généraux, 169 lieutenants généraux, 770 maréchaux de camp, 113 brigadiers et 69 mestres de camp.

L'artillerie et le génie avaient, en outre, leurs états-majors particuliers surchargés de baillis d'épée, d'avocats, de greffiers, d'huissiers et autres bas officiers.

A la révolution, en 1789, la garde nationale n'eut d'autre provenance que celle des milices, dont les éléments étaient plus ou moins réunis selon les besoins des temps. Cette garde nationale était portée, par ordre de la municipalité parisienne, au chiffre de 48,000 hommes et le reste de la France suivait cette impulsion. Des bataillons de gardes nationales et de volontaires de toutes les provinces étaient envoyés aux frontières, puis, tour à tour, fondus dans les régiments.

Ces corps, fort ébranlés par l'émigration d'une grande partie de leurs officiers et par une augmentation d'effectif de leurs bataillons provenant de contingents peu exercés, durent suppléer à leur manque d'instruction par des attaques en tirailleurs. Nos ennemis, étonnés de cette pratique audacieuse, modifiant leurs allures lentes et leurs combinaisons tactiques, furent plusieurs fois battus ; mais, revenus de leur surprise, ils nous firent subir à leur tour de graves revers. Nous apprîmes à nos dépens combien il est difficile de se faire obéir de soldats dispersés en trop grand nombre et combien cet éparpillement a peu de force en présence d'une résistance sérieuse. On vit qu'il fallait à ces tirailleurs un corps compact et solide, toujours prêt à les soutenir et même à les abriter. En l'an II de la République, en supprimant les bataillons de chasseurs et les corps francs, on organisa des bataillons d'infanterie légère, formés ensuite en demi-brigades comme dans l'infanterie de ligne.

Ces demi-brigades, composées chacune de trois bataillons à neuf compagnies, plus une de canonniers, devinrent en tout semblables aux régiments d'infanterie ; on tenta de remédier à ce mal en faisant, d'une de ces compagnies, une compagnie d'élite principalement destinée au service des tirailleurs. Plus tard reparurent des bataillons de chasseurs à pied ; mais ces troupes spéciales, encore soumises à toutes les exigences des corps d'infanterie, ne donnèrent pas de meilleurs résultats que celles précédemment créées, puis licenciées.

Deux demi-brigades formèrent une brigade ; celle-ci étant une fraction trop faible pour des opérations un peu sérieuses, on constitua la division, formée de deux brigades, ayant chacune son artillerie, plus une batterie de 6 ou 8 bouches à feu de réserve et un corps de cavalerie de 8 à 12 escadrons : plusieurs divisions formaient une armée.

Le gouvernement de la République ayant fait place à un général habile et ambitieux, celui-ci se préoccupa d'augmenter encore la force et la mobilité de ses troupes.

Les demi-brigades redevinrent régiments, mais à 4 ou 5 bataillons ; les brigades et divisions reçurent une constitution encore mieux définie ; plusieurs divisions formèrent des corps d'armée ; enfin plusieurs corps d'armée constituèrent une armée, s'élevant parfois à des centaines de mille hommes.

A l'aide de ces divers groupes, les mouvements des masses et l'action du commandement furent rendus plus faciles pour des opérations aussi vastes que celles que faisait exécuter Napoléon Ier. Ses nombreuses victoires le poussant à étendre son action sur des nations étrangères, à faire rois ou princes régnants tous les membres de sa famille et même ses généraux les plus heureux, il rétablit une dignité intermédiaire : celle des maréchaux de France.

Mais les peuples vaincus, profitant de ses dures leçons, usant contre lui de ses procédés de guerre, puis se coalisant, parvinrent à l'écraser. Moins heureux que Louis XIV, Napoléon Ier, en tombant, eut la douleur de laisser la France amoindrie et humiliée.

L'épée remise au fourreau, les généraux de l'Empire écrivirent sur ce qu'ils avaient pratiqué, sur ce qui avait été l'élément d'une grande gloire militaire et aussi d'affreux revers. On remarque, chez ceux ayant un esprit organisateur, la pensée constante d'avoir des troupes légères différentes de celles dont ils avaient fait usage, et, par conséquent, des corps ayant à se plier, à la fois, aux exigences d'éclaireurs et de tirailleurs, puis d'autres formant la ligne de bataille.

Le général Rogniat se plaint de ce qu'il n'existe plus de différence entre le fantassin léger et celui de la ligne : ces deux services lui paraissent nécessiter une éducation différente. Il prétend que l'habitude de manœuvrer en ligne rend le soldat lourd et maladroit pour le service de troupes légères. Il signale comme

un danger l'emploi du soldat du corps de bataille en
tirailleur.

« Le défaut de n'avoir qu'une espèce d'infanterie,
dit-il, s'est fait sentir, durant nos guerres, depuis la
Révolution ; les compagnies de voltigeurs ont été
un progrès, mais leur équipement, leur armement
et leur double emploi n'en ont pas fait obtenir ce
qu'on se croyait en droit d'en demander. »

Ce sont ces idées qui en 1815 déterminaient la
royauté à constituer des légions, au lieu de régiments,
et à y concentrer tous les moyens d'action, ainsi que
les possédaient les légions romaines, copie trop complète du passé.

La légion formée en 1815 comportait :

2 bataillons d'infanterie de ligne ;

1 bataillon de chasseurs à pied ;

1 compagnie d'éclaireurs ;

1 compagnie d'artillerie et de la cavalerie.

Ces légions, trop compliquées, où toutes les armes
concouraient à une œuvre commune, rencontrèrent la
plus vive opposition, surtout de la part d'états-majors nombreux et groupés par spécialités et au sujet
desquels on s'était laissé aller à des exagérations qui
sont devenues, de nos jours, presque égales à celles
réformées par notre première République.

En 1820, on substituait aux légions les régiments
d'infanterie de ligne et légère ; ces derniers exécutant
à la fois le service de troupes de ligne, d'éclaireurs et
de tirailleurs. Cette organisation, établie dans un même
esprit pour des services divers, ne contribua point à

développer l'instruction militaire, qu'on renfermait dans l'exécution de certains détails; mais elle facilitait la surveillance administrative et coûtait moins d'efforts de science de la part des chefs de corps et de leurs inspecteurs.

Les régiments ainsi reconstitués furent, à leur tour, l'objet de critiques qui peuvent se résumer en ceci : que les troupes de ligne, étant appelées à manœuvrer avec ensemble, à supporter avec calme le feu de l'ennemi ou son choc, ne doivent pas entreprendre de mouvements susceptibles de les porter au désordre et propres à les désorganiser; que l'infanterie légère, destinée à procéder avec rapidité et audace, devait jouir d'une certaine initiative et être dégagée de ce qui pouvait entraver sa marche.

Ces dernières qualités firent défaut à notre infanterie légère, ainsi qu'aux chasseurs à pied, en raison de leur équipement, de leur habitude du tact des coudes et de l'absence d'initiative individuelle.

L'infanterie légère de 1820, n'ayant de différence avec celle de ligne que des ornements jaunes au lieu d'être rouges, était transformée en régiments de ligne en 1855. Avant, en 1840, des bataillons de chasseurs étaient de nouveau créés, mais dans le but d'essayer un fusil d'une portée plus grande que celui en usage et aussi dans l'espérance de les utiliser dans des positions défensives afin d'y opérer comme artillerie ; sorte de mitrailleuse vivante. Les espérances fondées sur ces bataillons ne se réalisèrent qu'en partie, et aujourd'hui qu'ils n'ont plus d'armement spécial, ils n'ont aucune raison d'être. A la suite de cette dernière formation disparurent les compagnies d'élite des régiments; malgré les avantages obtenus par les compagnies de grenadiers sous Louis XIV, malgré les mérites des compagnies de voltigeurs sous l'Empire, on préféra laisser dans l'ensemble des corps les hommes d'élite, susceptibles de donner une vigoureuse impulsion à leurs camarades.

Telle est aujourd'hui la situation de notre infanterie, qui a besoin d'une constitution répondant mieux aux nécessités de la guerre.

Au début de la guerre de Crimée, quoique nous eussions alors des compagnies d'élite et des bataillons de chasseurs, le général en chef, ne leur reconnaissant pas des aptitudes suffisantes, chargeait des tirailleurs algériens d'aller explorer la contrée voisine de notre camp, puis d'inquiéter les avant-postes russes. Ces tirailleurs n'avaient déjà plus, par suite de nos exercices, cette initiative, cet esprit de ruse et d'audace qui, lorsqu'ils étaient simples Arabes, causaient tant d'alertes à nos troupes. Ils nous procurèrent cependant, durant une nuit sombre, un magnifique feu d'artifice à coups de fusil et de canon, de la part de toute l'armée russe qui, pendant une heure, eut la crainte d'être abordée, grâce à quelques coups de feu de nos indigènes sur plusieurs des faces de leur camp.

Si, dans notre dernière guerre avec l'Allemagne, non-seulement notre cavalerie, mais encore quelques compagnies par division eussent été composées d'habiles éclaireurs, nous n'aurions peut-être pas eu à déplorer, au combat de Wissembourg, la mort du brave général Douay et la perte de sa division. Le général de Failly n'aurait peut-être pas eu, à Baumont, son corps d'armée surpris et par conséquent si facilement mis en déroute.

Il y a donc une modification à apporter dans l'emploi de notre infanterie ; mais, moins compliquée que celle adoptée en 1815, n'opérant point de changements trop radicaux dans l'affectation de la cavalerie et de l'artillerie.

Cette modification consisterait à reconstituer, par bataillon, une compagnie d'élite destinée à remplir les rôles d'éclaireurs et de tirailleurs. Cette compagnie, composée des soldats les plus ingambes de chaque bataillon, qu'on formerait à la course, à la natation, et qui seraient bons tireurs, aurait pour officiers des hommes instruits et ayant de semblables qualités.

Cette troupe, à la tenue sombre, la tête couverte d'une casquette, armée d'un fusil au canon bronzé, pourvue d'une cartouchière bien garnie, d'un petit sac ne contenant qu'un ou deux jours de biscuit, les havre-sacs mis sur une ou plusieurs voitures, aurait à aller à la découverte là où la cavalerie ne peut opérer : dans les contrées coupées de fossés ou de canaux ; dans les terres escarpées ou couvertes de broussailles et de bois. Ces éclaireurs-tirailleurs, divisés par sections, auraient en outre, comme les vélites romains, à couvrir les mouvements de leur corps, à chercher le point faible de l'ennemi ; se retirant, le moment venu, en arrière des pesamment armés prêts à leur venir en aide, mais n'ayant jamais à former une fraction de la ligne de bataille ou la face d'un carré.

Cette troupe spéciale n'empêcherait point de donner à l'ensemble du bataillon les notions lui permettant de remplir accidentellement le même rôle et pouvant ainsi fournir aux compagnies d'élite des contingents déjà dégrossis. Les éclaireurs-tirailleurs auraient, de préférence pour les commander, des officiers sortis de l'école supérieure, appliquant à cette troupe leur savoir dans la défense d'un poste, le passage d'un cours d'eau, la conduite de bateaux, enfin tous les préliminaires de la guerre.

Les compagnies d'éclaireurs-tirailleurs dispenseraient :

Des bataillons de chasseurs à pied ;

Des régiments du génie, qu'une commission voulait réduire à l'état de bataillons et que le ministre a fait maintenir dans le *statu quo*, ainsi que bien d'autres réformes signalées.

En supprimant les bataillons de chasseurs, on compenserait les frais de l'adjonction d'une cinquième compagnie par bataillon d'infanterie et on économiserait un état-major.

En supprimant les régiments du génie, troupe sans utilité en temps de paix et trop rarement employée en campagne, tout en conservant, dans les places de guerre, des compagnies spécialement chargées de la défense des forteresses, on supprimerait un état-major beaucoup trop nombreux, tout en réservant aux officiers du génie un avancement d'autant plus considérable qu'il pourrait avoir lieu dans tous les corps de l'armée et dans quelques emplois spéciaux.

Nous citerons ici, au sujet de l'arme du génie, ce qu'écrivait, dernièrement, sur cette arme, un officier général d'artillerie, le général Suzanne :

« S'ils avaient pu consulter Vauban, ce grand homme leur eût dit, avec son sens élevé et droit et son honnête franchise : « Prenez garde, l'artillerie « est un corps qui a un rôle propre nettement déter- « miné, très-important et qui est destiné à vivre et à « grandir. En vous séparant de lui, vous le gêne- « rez, vous l'entraverez, vous diminuerez sa force « sans parvenir à vous donner, à vous-mêmes, un rôle « à la hauteur de votre mérite, un rôle qui vous satis- « fasse. J'ai dirigé les opérations de trente siéges et « j'avais tout à mon commandement : je sais ce que « valent la sape et le canon, la mine et le boulet ; « vous dépenserez en pure perte des trésors de « science.

« La lutte qui va s'établir fatalement entre vous et « l'artillerie sera longue. Votre bonne renommée vous « soutiendra longtemps. Vous enlèverez aux officiers « d'infanterie la fortification passagère et vous n'au- « rez réussi qu'à abaisser le niveau scientifique de l'in- « fanterie, c'est-à-dire de l'armée elle-même. »

Ce résultat malheureux est un fait accompli et qu'on ne pourra réparer qu'en répartissant les officiers du génie dans toutes les armes : infanterie, cavalerie et artillerie, où ils répandront leur science, du soldat aux officiers ne sortant pas des écoles militaires.

A ces suppressions, on peut en ajouter bien d'autres, et plus particulièrement les compagnies de dépôt de chaque régiment qu'on peut remplacer par un dépôt régional pour chaque division d'infanterie et par de semblables pour la cavalerie et l'artillerie. Ces centres administratifs, pourvus d'agents pris plus spécialement dans les corps administratifs et de la réserve, produiront de grosses économies et offriront au contrôle plus de facilité dans l'examen des confections et des dépenses.

Mais avant de traiter de ces réformes et d'autres qu'on obtiendra sans préjudicier aux effectifs combattants, il convient de dire comment nous pouvons augmenter l'instruction de nos cadres et rendre à la nation son esprit militaire.

CHAPITRE IV

INSTRUCTION

Lorsque nous étions prisonnier en Allemagne, et malgré une profonde douleur, nous prîmes la détermination de nous rendre compte des institutions ainsi que des usages d'un peuple contre lequel nous avions si malheureusement combattu.

Notre attention s'arrêta particulièrement sur la marche adoptée par lui au sujet de son instruction générale et militaire. Nous constatâmes de suite que partout, même dans les moindres écoles, on savait enseigner parallèlement les études classiques et les premières notions du métier des armes. Nos observations furent alors consignées dans une brochure traitant de l'instruction et publiée en 1871 ; elles étaient rendues plus succinctement dans un petit livre intitulé : *La France et les réformes nécessaires.*

Nous avons vu, y était-il dit, aux heures des promenades, les enfants les plus jeunes se former par rangs, en colonne et en bataille avec une précision remarquable. Nous avons assisté aux manœuvres exécutées par des élèves plus grands, marchant au son du tambour et armés de fusils en bois, ou même d'armes réelles; enfin une pension, près de notre demeure, éveillait souvent l'attention douloureuse d'un prisonnier par des décharges de petits canons dont les jeunes artilleurs étudiaient les moindres détails.

C'est ainsi que, par un travail progressif, les jeunes générations s'initient en Allemagne au métier militaire et apprennent la subordination. On évite aux nouvelles recrues le fastidieux apprentissage des premières notions du soldat.

Cette méthode, suivie avec soin dans toutes les écoles et universités, a en outre l'avantage de permettre de diminuer le temps à passer sous les drapeaux, tout en assurant aux armées un recrutement de soldats et même d'officiers parfaitement instruits.

Depuis, en parcourant la Suisse, nous y vîmes la jeunesse également préparée au métier des armes, et si, dans d'autres États les études militaires sont moins répandues, on y remarque cependant une impulsion qui apprend à chaque citoyen le rôle qu'il aurait à remplir si sa patrie était en danger.

C'est ce qu'une nécessité incontestable nous impose, comme le moyen le plus certain d'assurer l'indépendance de la nation française.

Dans ce but il convient, et sans plus de retard, de

façonner la jeunesse à ces doubles travaux, pratiqués dans toutes les écoles primaires et universitaires, permettant à toutes les classes de se procurer, outre l'instruction générale, la connaissance des manœuvres et des armes. Ce nouveau genre de travail sera d'autant plus favorablement adopté et suivi qu'il aura pour conséquence le dégrèvement du service militaire, qui serait mesuré suivant le savoir de chacun, les plus instruits n'y faisant que le stage le moins prolongé. Les hommes illettrés fourniraient le premier contingent à maintenir sous les drapeaux, où ils trouveraient à apprendre non-seulement leur métier de soldat, mais encore les connaissances données par les écoles primaires : double instruction sérieusement appliquée aujourd'hui dans l'armée italienne.

Ces mesures adoptées permettraient de réduire l'effectif des troupes actives au strict nécessaire pour le bon fonctionnement des cadres, tout en leur assurant des réservistes bien autrement instruits que ceux formés par nos lois actuelles.

La durée du service mesurée au degré d'instruction et des plus réduites dispenserait de tenir compte des exemptions admises sous divers prétextes et si largement accordées.

La seule exception pour ne pas répondre à l'appel sous les drapeaux serait celle provenant d'infirmités morales et physiques, exception qui cesserait lors d'un retour à la raison et à la santé.

Quant aux soutiens de famille à maintenir dans les corps de troupes, ce serait aux communes à subvenir

aux besoins de leurs parents durant leur absence, plus
ou moins abrégée, suivant leurs progrès dans le métier
des armes.

On laisserait à tort en dehors du recrutement les
gens ayant subi une condamnation : ce bénéfice serait,
pour cette catégorie, un encouragement au mal. Les
hommes plus ou moins en révolte contre la société
pourraient être utilisés, durant la plus longue période
du service militaire, et suivant la gravité des fautes
commises : soit comme soldats ou marins dans des
conditions particulières et dans nos colonies ; soit
comme disciplinaires ou pionniers. Le régime qui leur
serait appliqué et la satisfaction, pour eux, de payer
aussi leur dette à la patrie, contribueraient peut-être
à en rendre quelques-uns dignes de rentrer honorablement dans la société.

Ce concours général et sans exception au service militaire exige qu'aucun établissement d'instruction ne
puisse se dispenser d'enseigner ce qui est relatif au
métier des armes. Les maisons régies par des prêtres
n'en seraient pas exemptes et même les séminaires y
doivent être obligés. Mais en imposant aux établissements religieux une instruction militaire à inculquer
à leurs élèves, il n'entre point dans ma pensée de porter
les jeunes hommes acquis à l'Eglise à manquer en
quoi que ce soit aux règles ecclésiastiques.

Il en résulterait, pour ceux qui n'embrasseraient
point les ordres, l'avantage de pouvoir concourir, avec
les élèves des autres écoles, à l'exonération accordée
aux jeunes hommes ayant une suffisante connaissance

du métier des armes. Quant aux prêtres, inutiles dans les corps en temps de paix, ils n'en comprendraient peut-être que mieux les exigences que comporte la guerre et le rôle qu'ils ont à y remplir. A ceux-ci reviendrait aux armées la mission d'aumôniers dans les troupes et dans les ambulances, puis au besoin l'emploi d'infirmiers ou de brancardiers.

Du reste, il est incontestable que l'initiation aux vicissitudes qu'entraîne la guerre, ou que la connaissance de ce que comporte de dévouement la vie ecclésiastique sont loin d'en éloigner les hommes qui ont en eux une profonde conviction. J'ai connu un colonel du premier Empire qui, après nos désastres, reprenait, en 1815, la soutane qu'il avait quittée lors de la Révolution et arrivait, en France, à la plus haute dignité ecclésiastique. J'ai traversé un village de notre chère Alsace qui avait conservé le pieux souvenir d'un chef d'escadron, officier de la Légion d'honneur, devenu prêtre et qui n'avait point voulu quitter sa modeste paroisse malgré les offres les plus brillantes.

L'instruction militaire pratiquée dans les séminaires, tout en ne détournant pas de sa vocation le jeune homme se destinant à l'Église, peut ne pas lui être inutile au milieu des péripéties des combats ; elle est, au contraire, susceptible de lui permettre de donner parfois, grâce à ce qu'il ne prend point part aux luttes, des conseils mieux réfléchis à des soldats éprouvés ou démoralisés.

Un homme, fils d'un soldat qui voulait voir son enfant suivre sa carrière, et qui avait été façonné au

3.

métier des armes, ne s'en consacra pas moins à l'É-
glise. Il parcourait bientôt les mers en compagnie de
ses chers marins, qu'il aimait à suivre dans toutes leurs
expéditions souvent aventureuses. Aumônier en chef à
bord de la flotte en 1854, il faisait partie d'une division
de bâtiments explorant la mer d'Azof. Le commandant de cette escadre, longeant les côtes, avait ré-
solu d'ensevelir les morts sur les plages. Ce service,
auquel l'aumônier prenait part, s'était plusieurs fois
accompli, lorsqu'un jour des Russes, en embuscade,
se ruèrent sur nos matelots en partie désarmés. Ils
fuient en désordre et l'ennemi cherche à en profiter
pour arriver avant eux au rivage et s'emparer de leurs
bateaux. Mais un homme les y a précédés, qui,
usant d'une main sûre des armes qu'on lui passe, tue
et blesse à chaque coup ceux qui avancent le plus.
Les audacieux ralentissent leur marche, ce succès
rend à nos marins leur sang-froid, ils se rallient et
s'embarquent sans laisser aucun des leurs aux Russes. Ils n'ont pas assez d'éloges pour l'habile tireur
qui a si bien contribué à les sauver.

Ce n'était autre que l'aumônier qui s'était rappelé,
au moment d'être pris ou tué, les leçons de son
père.

Tout honteux de son succès, il disait qu'il en demandait pardon à Dieu.

Comme général en chef des troupes de l'Adriatique
et chargé d'enlever Venise aux Autrichiens, nous nous
apprêtions à forcer la passe de Chioggia, où notre
bateau devait aborder des premiers : « Prenez-moi,

nous disait ce brave prêtre, que je puisse sans retard me trouver au milieu des blessés.

« — Mais on assure que la présence d'un curé fait chavirer le navire qui le porte.

« — N'en redoutez rien, je nage mieux qu'un terre-neuve, et je m'engage à vous déposer au point d'attaque. »

Il devait être de notre équipage, mais la paix de Villa-Franca vint, hélas ! pour la première fois, briser dans nos mains l'épée de général en chef.

L'aumônier devint évêque et mourut dans une mission sur la côte d'Afrique.

Ce fait n'est peut-être pas à citer comme exemple à notre clergé ; il n'en ressort pas moins que des notions militaires ne peuvent que contribuer à faire apprécier ce que valent la discipline et la rapidité d'exécution.

D'autres spécialistes, tels que les médecins, les pharmaciens, les ingénieurs, ont leur rôle à remplir aux hôpitaux et aux ambulances, aux chemins de fer et lignes télégraphiques, etc. Tous, grâce à leur connaissance du métier des armes, sauront combien l'ordre et la promptitude peuvent contribuer au succès des armées.

Ainsi donc, instruction militaire pour tous, si nous voulons, dans un moment de danger, disposer de l'ensemble des citoyens pour la défense de la patrie.

Mais comment procéder pour obtenir actuellement ce résultat ? Les maîtres de nos écoles n'ont ni le savoir, ni le temps nécessaire pour expliquer et faire pratiquer ce nouveau cours.

Le ministre de l'instruction publique obviera à cette situation, aidé par le ministre de la guerre, qui lui permettra de disposer d'officiers ou sous-officiers de l'armée ou des corps régionaux, ou bien encore en s'adressant à des militaires admis à la retraite, qui professeraient dans les écoles communales et universitaires.

Les établissements libres auraient également à faire cet enseignement, soit par leurs maîtres, soit par des militaires qui, dans tous les cas, recevraient une juste indemnité.

CHAPITRE V

INSTRUCTION

AU MINISTRE DE LA GUERRE.

Du jour où la nation française consentit à voir tous ses enfants concourir à la défense de la patrie, il a été dévolu à son gouvernement l'obligation de prendre les mesures propres à rendre utile le concours des citoyens, sans porter un trop grand préjudice à leurs intérêts.

Nous avons indiqué la tâche incombant au ministre de l'instruction publique pour préparer la jeunesse au maniement des armes et aux manœuvres, de manière à lui abréger le temps à passer sous les drapeaux; il reste au ministre de la guerre à s'entendre avec le ministre de l'intérieur pour qu'aucun citoyen ne puisse ignorer le résultat à obtenir d'une arme à feu. Il est donc du devoir de ces deux hommes d'Etat de se rappeler et de renouveler les prescriptions d'un roi de France qui ordonnait à ses sujets de négliger les jeux de hasard pour se livrer aux exercices du javelot, de la flèche et de la pique. Cette instruction apprit alors à chaque habitant qu'il devait défendre son foyer, ce qui contribua à détruire ou à expulser de France : Anglais, Allemands, routiers ou malandrins, qui trouvaient bon de s'y enrichir en y commettant les plus effroyables violences.

Sachons imiter la Suisse, où chaque village, même le plus petit hameau, possède sa cible, servant à ses citoyens à acquérir, par de nombreux exercices de tir, une grande précision dans l'emploi de leur carabine et à assurer ainsi un concours efficace à tous les besoins armés de cette petite république.

C'est à nous à procéder de même. Que nos moindres villages, ainsi que nos villes, aient leur champ de tir, où jeunes gens et hommes mûrs puissent s'exercer à certains jours : récréation virile, où les plus habiles seraient récompensés par des prix accordés soit par la commune, soit par des sociétés régionales ou par le gouvernement lors de concours généraux.

Cette instruction serait suivie par toutes les classes de notre société et présenterait des résultats d'autant plus grands qu'elle serait patronnée et facilitée par les autorités.

Le ministre de la guerre aurait à concéder aux communes des armes de guerre ainsi que des cartouches, suivant les besoins constatés, afin que le fusil des batailles puisse devenir aussi familier à nos populations que le fusil de chasse. Les armes et provisions de guerre seraient livrées aux prix les moins élevés aux municipalités, responsables de leur conservation et de leur bon emploi.

Cette initiation de tous les citoyens aux premiers éléments de la guerre aurait comme complément une instruction plus développée aux soldats et aux officiers, afin de prémunir notre pays contre des résultats du genre de ceux qui nous ont atteints en 1870.

Nos désastres nous ont amenés à réaliser quelques progrès ; mais ce ne sont encore que des modifications timides du passé ; les chefs militaires actuellement au pouvoir ont besoin d'être poussés pour sortir davantage de leurs vieilles habitudes et de principes ne répondant plus à notre situation actuelle.

Cette pression doit venir de l'opinion publique et, surtout, de cette génération nouvelle qui, en se consacrant aux armes, et connaissant les dangers que court un pays mal préparé, voudra être initiée à tous les procédés permettant d'éviter les fautes de ses devanciers et qui lui procureront la possibilité de succès dans les guerres à venir.

C'est ce besoin qui a porté divers écrivains à indiquer les améliorations à adopter ; c'est aussi ce qui m'a fait prendre la plume pour exprimer, à mon tour, ce que me dicte mon expérience d'homme ayant grandement et longtemps pratiqué le métier des armes.

Les ministres de la guerre ont autorisé et même encouragé la formation de bibliothèques régimentaires et de cercles d'officiers ; créations dues à l'initiative d'individualités moindres que nos chefs d'armées, aussi les procédés adoptés sont-ils insuffisants.

L'organisation de bibliothèques militaires ne peut être laissée à l'appréciation d'un colonel ou de son aumônier, mais bien du ministre. Elles ne doivent plus suivre un corps dans ses mouvements, mais être à demeure dans des garnisons où les officiers et sous-officiers de toutes les armes, ou ceux des corps régionaux et même des milices puissent aller y apprendre ce qui doit contribuer à les rendre capables d'un commandement.

Les casernes sont en assez grand nombre et sont assez vastes pour qu'il soit possible d'affecter à ces bibliothèques des locaux bien appropriés, sans qu'il en résulte de grandes dépenses.

Les murs des salles d'études doivent être ornés des cartes les plus complètes de toutes les contrées ; les livres militaires y doivent abonder :

Ouvrages élémentaires traitant des différentes armes ;

Histoire générale et militaire de tous les peuples ;

Mémoires et vies des hommes illustres : Xénophon, Tite-Live, Polybe, Polien, Frontin, Végèce, César, l'empereur Léon, qui enseigneraient les conquêtes des Grecs et des Romains, nos précurseurs dans le bon emploi des troupes, dans l'art de la défense et de l'attaque des places.

Philippe de Commines, Guichardin, Machiavel ainsi que les pères Jésuites Strada et Daniel nous préciseraient comment on est revenu des procédés barbares du moyen âge, où tout résultait du hasard et de la force, à des procédés réguliers et savants.

Les publications nombreuses parues sous les règnes de Henri IV, Louis XIII et Louis XIV. nous initieraient aux accords successifs des différentes armes dans les batailles.

La vie et les mémoires des Sully, des Vieville, des Pontis, des Turenne, des Villars, des Vauban, et à l'étranger des Montécuculli, des Berwick, des Loyd, ainsi que les œuvres du premier de tous, Frédéric II, constitueraient les éléments de sérieuses études.

Sous Louis XV, Folard, Guibert, Durand, le maréchal de Saxe et bien d'autres. Enfin les œuvres de Napoléon Ier et de ses adversaires, parmi eux le prince Eugène. Puis l'histoire admirable de Thiers et de Jomini sur les guerres de la République et de l'Empire et les mémoires de nos maréchaux compléteraient cette période militaire.

Ce cadre n'est qu'une indication des ouvrages pleins d'expérience et de faits à placer dans les bibliothèques de garnison, où les hommes studieux trouveraient les meilleures règles à appliquer et où ils apprendraient à suppléer à ce qui peut leur manquer d'expérience acquise sur nos derniers champs de bataille.

A ces salles d'étude, il conviendrait de déposer ce que j'ai vu dans des institutions étrangères : des spécimens de tous les engins connus ; des ponts avec leurs pièces numérotées, de manière à bien savoir comment procéder pour les désorganiser et les reconstruire ; des chemins de fer ; des forteresses en miniature ainsi que des travaux d'attaque ; travaux en relief que sauraient édifier, à l'aide de plans, les armuriers des corps.

Mais il ne faudrait point laisser à chacun l'initiative de ces études et le livrer à ses propres appréciations sur de si multiples matières : là commencerait le labeur des officiers les plus compétents de nos écoles; ils auraient à faire ressortir les mérites des moyens employés, aux diverses époques des peuples, et les résultats qu'ils ont obtenus, pour arriver à déduire, de ceux en usage aujourd'hui, ce qui peut contribuer à rendre à la France et sa sécurité et le rang qu'elle a perdu.

Quant aux cercles ou réunions d'officiers, encore à l'état d'embryon, et où de jeunes écrivains n'énoncent que ce qu'il convient à l'autorité, les bibliothèques de garnison, organisées aux frais de l'Etat, s'y substitueraient grandement et seraient bien autrement multipliées; elles auraient, en outre, l'avantage de n'exiger aucune retenue de la part d'hommes studieux dont la solde suffit à peine à leurs besoins journaliers.

Les matériaux militaires mis largement à la disposition des officiers et sous-officiers, les travaux des maîtres expliqués par d'habiles professeurs, formeraient promptement, dans nos armées et réserves, un grand nombre de citoyens ayant une juste appréciation de la science de la guerre, ce dont ils ne possèdent aujourd'hui qu'une trop faible teinture.

Mais les professeurs pris parmi les officiers sortis des écoles militaires sont-ils assez préparés à traiter toutes les branches de leur métier, de manière à l'enseigner d'une façon juste et précise à leurs auditeurs ? Il n'en est rien, et malgré leur bon vouloir ils commettent parfois, dans l'application comme dans les résultats à obtenir, de graves erreurs, ce qu'il est facile de constater dans quelques-uns des écrits que livrent au public certaines brochures sorties des cercles d'officiers.

Il faut que ces jeunes hommes aient un savoir supérieur à ce qui a été enseigné jusqu'à ce jour et qu'ils deviennent ainsi meilleurs juges du mécanisme des différentes armes et de leur utilité dans de communes opérations.

C'est à un insuffisant savoir de toutes les notions militaires que nous devons, en partie, nos revers de 1870. Les chefs de nos armées, hommes vaillants mais trop exclusivement absorbés dans une spécialité, n'ont pas su prévoir les exigences de toutes sortes que comportent l'attaque ou la défense.

Nos écoles de Saint-Cyr, d'état-major, d'artillerie et du génie n'ont su former que des généraux manquant de cette science générale indispensable pour assurer le bon emploi de nos ressources et de nos troupes.

Un tout autre résultat s'obtiendra si l'école militaire dite de Saint-Cyr est dégagée, pour les aspirants à l'épaulette, de ces études préliminaires qui doivent former le contingent du programme d'admission, et si les élèves n'ont plus qu'à s'y consacrer à la pratique de toutes les armes.

L'obtention à l'épaulette serait la consécration de connaissances militaires complètes, permettant de ré-

partir indistinctement et suivant les besoins des corps
les nouveaux promus, c'est-à-dire au choix du ministre dans l'infanterie, la cavalerie ou l'artillerie, chacun d'eux ayant reçu une instruction égale le rendant
apte à ces différents services.

Arrivés à leur corps, ces jeunes gens, n'ayant pas
toujours une idée bien arrêtée, à leur début, au sujet
de l'arme qui leur convient le mieux, seraient autorisés à permuter entre eux.

Officiers parvenus au grade de lieutenant et ayant
pu faire apprécier leurs qualités militaires, ils pourraient se présenter, ainsi que leurs camarades sortis
de la troupe, à de nouveaux examens donnant aux plus
capables leur entrée à l'école supérieure de guerre.
C'est parmi ces hommes d'élite, renvoyés dans leurs
corps après deux années de nouvelles études, leur
ayant appris tout ce que comporte la science militaire,
que seraient choisis ceux reconnus les plus capables
de bien remplir les fonctions d'officiers d'état-major
ou du génie, et de professeurs dans les corps. Cette
institution, la plus haute expression des connaissances
de la guerre, et l'école de Saint-Cyr dispenseraient
de conserver les écoles d'état-major, du génie, de
l'artillerie et de la cavalerie ; les notions et applications
concernant ces spécialités étant enseignées, à profusion, dans les écoles régimentaires et lors des travaux
dans les camps, par des officiers, lieutenants, capitaines, colonels, généraux : produits de l'école supérieure de guerre.

L'instruction, suivie ainsi qu'on vient de l'exposer,

permettrait de ne plus avoir de corps du génie et d'état-major, mais de simples individualités utilisées dans leur corps ou employées d'une façon restreinte et accidentelle à des rôles spéciaux.

Alors, un seul état-major général au lieu d'états-majors particuliers pour chaque arme, mesure qui réduirait considérablement le nombre de ces officiers hors cadres qu'ont tant multipliés nos divers corps spéciaux.

Les généraux seraient aptes à commander et à surveiller tous les corps, quelle que soit leur arme; le chiffre de ces hauts fonctionnaires en serait moindre et éliminerait bien des agents gravitant autour d'eux. Il y aurait plus d'ensemble dans les mesures, dans les bonnes dispositions à donner à tous les services, et nos finances y réaliseraient d'importantes économies.

Depuis notre dernière guerre, les officiers des corps d'état-major ont eu une part si large aux meilleurs emplois de l'armée, qu'il convient de les apprécier justement.

Avant d'émettre, cependant, l'opinion d'un officier général sorti de l'infanterie, il est bon d'exposer ce qu'en pensent les officiers de valeur des autres armes.

Le colonel Stoffel, de l'artillerie, écrit en 1869 : « Il faut le proclamer bien haut, comme une vérité éclatante, l'état-major prussien est le premier de l'Europe; le nôtre ne saurait lui être comparé. En Prusse, il n'existe ni loi ni règlement relatif à la composition de l'état-major; on est parti de ce principe très-juste que, de tous les officiers de l'armée, ceux de l'état-major doivent être les plus instruits...

« Une fois admis ce principe....., on est convenu
de recruter ces officiers parmi ceux de toute l'armée,
à quelque arme qu'ils appartiennent.....

« Tout lieutenant, quelle que soit son arme, a la fa-
culté, après trois années de grade passées au régiment, de s'offrir pour entrer dans l'académie de
guerre. Ce n'est pas une école spéciale d'état-major,
son but est plus vaste. »

Le général Lewal, lorsqu'il était colonel d'état-major,
a écrit :

« La suppression du corps d'état-major, depuis
longtemps demandée, est absolument nécessaire.

« Les principales objections contre ce corps sont
connues, elles subsistent depuis 1819.

« En donnant les fonctions d'état-major aux officiers les plus distingués de tous les corps, en leur
demandant des garanties sérieuses et en leur accordant un avancement exceptionnel, on attirera toutes les
capacités, on stimulera les ambitions, on surexcitera
le travail. »

Un chef d'escadron d'état-major a publié :

« Le grand défaut, le premier travers des armes
spéciales, et surtout du corps d'état-major, est de vivre presque complétement en dehors de l'armée. Au
lieu de chercher, par le contact continuel des troupes,
cette habitude du commandement, si importante à la
guerre, il se parque, fait bande à part, sans se rendre
compte du préjudice qu'il se cause.

« D'abord destiné à former une réunion d'officiers
d'élite, devant par leurs services et leurs talents par-

venir aux plus hautes destinées militaires, il n'a produit jusqu'ici, à quelques exceptions près, que des médiocrités, des discoureurs ou des écrivassiers, dont notre France abonde. »

Un militaire qui s'est montré administrateur habile, homme très-entreprenant dans son commandement de notre colonie sénégalaise, le général de division du génie qui, après nos premiers revers, a si bien tenu tête à nos ennemis dans le nord-ouest de la France, s'énonce ainsi sur le corps d'état-major :

« Le corps d'état-major sera, quoi qu'il puisse dire, rendu responsable de nos derniers désastres, car il avait la plus grande part au commandement des armées...

« Les officiers d'état-major, par suite de l'importance de leurs fonctions, devraient posséder complétement la connaissance de la fortification et de l'artillerie. Il ne devrait pas y avoir dans l'armée d'officiers plus instruits qu'eux. Il n'en était pas ainsi. »

J'ajouterai à ces citations diverses, émanées d'officiers d'armes spéciales, que la situation signalée est due surtout au point de départ. Nos écoles ne donnent pas, encore aujourd'hui, d'une manière suffisante, l'instruction préparatoire et générale qui doit faire des jeunes gens sortant de ces écoles des officiers d'élite.

Les établissements spéciaux ont, en outre, le défaut de former des castes négligeant ce qui n'est pas de leur ressort ; or, il faut pour avoir des hommes d'une sérieuse valeur une autre base d'instruction qui, jointe à une ferme volonté d'apprendre, une fois qu'ils seront livrés à leur propre impulsion, leur fasse trouver dans des documents militaires ce qui leur est nécessaire pour compléter ce qu'ils ont acquis par la pratique et leurs premières études.

Le jeune homme entré dans les écoles suit généralement l'impulsion donnée par sa famille et, s'il est plus studieux que militaire, on lui voit rechercher la carrière qui semble devoir lui offrir le plus de bien-être et même de repos relatif. C'est ainsi que beaucoup ambitionnent le corps d'état-major, qu'un classement dû plus à leurs études qu'à leurs qualités actives leur fait obtenir. Cette manière de procéder n'a produit que de médiocres résultats, ainsi que l'ont indiqué les écrivains cités plus haut ; il importe de l'abandonner.

J'ai connu, de mon temps, des officiers d'état-major à si courte vue qu'ils conduisaient leur escorte à l'ennemi qu'ils étaient chargés de reconnaître, ou se portaient sur le derrière des colonnes qu'ils devaient éclairer ; d'autres étaient incapables de supporter une course rapide ; d'autres n'avaient de goût que pour les parades ou services de garnison.

Enfin, il s'en trouvait qui, oubliant leurs travaux d'école, descendaient au niveau des officiers médiocres produits par la troupe, n'en conservant pas moins les plus énormes prétentions.

Presque tous, soutenus par cette confraternité qui existe dans les petites églises, sont cependant arrivés à de hautes positions, même sans services de guerre.

En choisissant des officiers dans les troupes, après s'être assuré de leurs aptitudes militaires et scientifiques et en adoptant en principe de les maintenir dans un emploi spécial ou de les renvoyer à leur corps, le titre d'officier d'état-major ou du génie n'étant plus un droit irrévocable, on aura certainement pour ces deux catégories les hommes les plus capables de notre armée.

Cette facilité existant de conserver ou de renvoyer définitivement dans les rangs de la troupe les officiers du génie et de l'état-major, on n'en verra plus autant s'endormir sur les mérites de leur début ; on devra en outre replacer dans les corps ceux ayant obtenu un avancement, pour qu'un nouveau stage les pénètre progressivement des devoirs du commandement dans de plus larges limites.

L'instruction à répandre chez les sous-officiers, à l'aide de quelques hommes d'élite, a été suffisamment indiquée par ce qui a été dit au sujet des bibliothèques pour ne point en parler longuement.

Le nombre de plus en plus considérable de jeunes sous-officiers instruits, occupant les cadres de l'armée, grâce à sa nouvelle organisation, permettra de développer davantage les cours des écoles régimentaires qu'on ne le faisait à l'époque où ces cadres inférieurs n'étaient composés que de remplaçants, presque tous d'une grande ignorance.

Les théories concernant toutes les armes et même la science de la guerre devront y être enseignées à l'égal de ce qui sera démontré aux officiers actuellement sortis des troupes.

4

On verra alors des natures jeunes et ardentes se pénétrer de tout ce qui concerne l'armée au point de rivaliser avec les officiers provenant de nos écoles militaires.

Et qu'on ne doute pas de ce résultat : car, malgré l'imperfection des écoles régimentaires, sous le deuxième Empire, on a vu de leurs écoliers entrer à Saint-Cyr et des sous-officiers y trouver des notions suffisantes pour les guider dans leurs études et, par suite de leurs efforts, y acquérir une instruction qui, unie à de grandes qualités militaires, les a fait arriver à être des généraux des plus distingués.

Ces études trop théoriques dans les garnisons auraient à se compléter dans les camps, où la réunion des troupes de toutes les armes permettrait d'y mieux juger de l'utilité de leur concours ; ce qu'apprendraient des manœuvres d'ensemble et quelques travaux.

Ces concentrations étaient fort en honneur chez les Grecs et chez les Romains, ayant à soutenir des luttes non-seulement pour accroître leur puissance, mais aussi pour assurer leur indépendance.

Dans les temps modernes, Frédéric II, puis Napoléon Ier ne dédaignèrent point ce genre d'instruction. De nombreux écrivains et d'illustres guerriers ont préconisé l'usage des camps comme la meilleure école pour former de bons soldats et des officiers capables. L'opinion constante exprimée dans leurs ouvrages où mémoires est que le séjour des camps est des plus favorables aux troupes, tandis que la dispersion de ces

mêmes troupes dans une infinité de garnisons leur est
des plus nuisibles.

Il convient donc, si l'on veut donner une solide instruction aux officiers et aux soldats, de les réunir
en assez grand nombre, et de tous les corps. On pro-
cédera à cette instruction grâce à la concentration
dans les camps de tous les moyens pratiques en usage
à la guerre, ce qui permettra à chacun de mieux apprécier la valeur de ces moyens et de mieux profiter
des leçons des professeurs.

Les soldats devront s'y exercer à porter des far-
deaux, à remuer la terre, à la marche rapide, à franchir
les fossés, à passer des rivières à gué ou à la nage, à
élever des retranchements, à creuser des tranchées, à
construire puis à désorganiser un chemin de fer et à
se familiariser avec bien d'autres applications.

L'infanterie, ou au moins quelques-unes de ses
fractions, apprendrait à se servir d'une monture, à
utiliser l'artillerie, ce qu'elle savait pratiquer à d'autres
époques en France et chez des peuples nos voisins.

Enfin, les officiers parvenus à un grade supérieur
y seraient appelés : ceux de l'infanterie à commander
un escadron ou un régiment de cavalerie, et vice versa
de la part des officiers de ces deux armes.

Le ministre de la guerre a décrété l'organisation
d'une école spéciale pour y préparer au métier militaire 3 ou 400 enfants de troupe. Les mesures prises
à l'égard de cette jeune génération sont trop restreintes et ne répondent pas au but humanitaire et utile
qu'on doit se proposer.

Les officiers de l'armée sont, presque en totalité, pauvres, surtout à l'époque de leur mise à la retraite, et beaucoup, en présence d'une famille sans ressources, au moment où la mort vient les atteindre, déplorent l'aveuglement qui les a poussés à se consacrer au noble métier des armes. Il est cependant indispensable que ce sentiment ne se propage point et ne devienne pas une cause d'éloignement de la part d'un grand nombre d'hommes se préoccupant d'une existence soumise à tant de vicissitudes et n'offrant aucune garantie à leur famille. Il faut, pour éviter un découragement possible, s'assurer de bons cadres, sinon en accordant une augmentation à une modeste rente viagère, du moins en assurant à leurs fils une instruction solide et libérale.

Ils sont nombreux, dira-t-on : 4 ou 5,000 dans les corps ; mais cette hospitalité n'est pas encore assez largement accordée. Tout officier ou soldat ayant consacré entièrement et honnêtement sa carrière à l'Etat mérite que tous ses enfants puissent s'y abriter. Les locaux des casernes offriront, comme aux sous-officiers, des emplacements propres à tout ce qui peut les concerner et jusqu'à l'âge de 16 ans leur procurer une instruction générale et militaire, les préparant à toutes les carrières.

Comme récompense de leurs efforts et de leurs succès, on offrirait aux plus méritants l'entrée, non pas dans une, mais dans plusieurs écoles supérieures où, de 16 à 20 ans, jusqu'au moment de payer leur tribut au service militaire, on leur enseignerait le métier de

la guerre, la science de l'administration et des travaux
susceptibles d'en faire de bons ouvriers : charrons,
charpentiers, menuisiers, armuriers et même agricul-
teurs.

Enfin, pour nous résumer, nous dirons qu'il faut l'é-
cole régimentaire d'abord pour donner satisfaction à la
masse dans la mesure des intelligences et l'amour du
travail ; puis de vastes écoles à la fois militaires, agri-
coles et des arts et métiers, de manière à permettre
à chaque élève de se livrer à ses goûts et d'aborder un
autre genre d'existence que celle des armes, une fois
son temps de service terminé.

Cette instruction donnée largement à tous : aux enfants, aux jeunes hommes, aux soldats ainsi qu'aux
officiers, assurerait à la France son repos et sa suprématie. Elle résoudrait le problème de ne point conserver trop longtemps des citoyens dans l'armée active, de
façon à ne pas y oublier leurs études et leurs premiers
travaux.

———

4.

CHAPITRE VI

AVANCEMENT.

Les chapitres contenant les réformes et réductions
à opérer dans l'armée, les plus importants de ceux
contenus dans cet ouvrage, seront peut-être grandement controversés.

On voit presque toujours une opposition ardente à
tous changements, même pour des progrès à obtenir,
combattre les propagateurs d'idées nouvelles.

C'est ce qui nous a valu déjà d'être traité de radical, titre qui est pour beaucoup de gens une mise hors
la loi, alors que nous ne préconisons que des réformes
susceptibles de consolider la force de la France, tout
en améliorant ses ressources financières.

La résistance aux améliorations est de tous les temps.
L'effet produit par les armes à feu n'amena que bien
lentement l'homme bardé de fer à alléger son armure,
et aujourd'hui, malgré la longue portée, la justesse et
la précision du tir, nous n'en conservons pas moins
de lourds cuirassiers, victimes de leur courage dans

nos dernières luttes sans qu'ils aient pu faire le moindre mal à leurs ennemis.

Les illustres Turenne et Vauban virent traiter d'utopies les améliorations proposées par eux et relatives à l'armée.

La première République eut seule assez de force pour supprimer des abus militaires que depuis longtemps beaucoup d'officiers demandaient à faire disparaître.

Leurs écrits font foi de leur impuissance, et leurs discours aux Assemblées contribuèrent aux changements avantageux qui eurent lieu à l'époque révolutionnaire.

Depuis, le premier Empire et les gouvernements qui lui ont succédé ont établi un état militaire qui demande des réformes; la République actuelle saura-t-elle suivre l'exemple de sa devancière ?

L'Assemblée et le Sénat de 1876 semblent disposés à ne plus vouloir d'un service militaire d'une durée de 5 années et à le limiter à 3 ans. On ne peut qu'applaudir à cette disposition, surtout si l'on se décide enfin à imposer à la jeunesse *l'instruction militaire obligatoire.* Il serait même possible alors d'abréger encore cette dernière limite et de renvoyer tout ou partie des soldats dans leurs foyers soit après deux années, soit dans le courant de la troisième année.

Les partisans d'une durée de 5 ans ont pour argument la nécessité de former de bons sous-officiers. Ce raisonnement tombe de lui-même, si l'on se rend compte de l'effet produit par la préparation aux armes depuis l'enfance jusqu'à l'époque de l'entrée au service.

Les soldats en 3 mois, au lieu de 6, pourraient être caporaux et 3 mois après sous-officiers. En admettant leur présence durant 2 ans et demi sous les drapeaux, ces gradés auraient bien le temps de s'y former à toutes les obligations de leur petit commandement.

En effet, ne voyons-nous pas le jeune homme admis à l'école militaire être reconnu, après 2 années d'école, assez instruit pour devenir officier et de plus donnant l'espérance d'arriver à être un jour, en continuant à travailler, un des chefs de l'armée ?

Le volontaire d'un an peut être considéré comme assez façonné à son métier pour, en cas de besoin, rentrer dans le rang et se voir employé dans les corps régionaux comme sous-officier et même comme sous-lieutenant. Comment admettre alors qu'en 2 ou 3 ans le reste des conscrits ne puisse apprendre ce qui est le plus simple et le plus facile du service militaire?

Le stage de 3 ans offre de sérieux avantages : 1° de pouvoir incorporer d'une façon plus complète le contingent annuel et de supprimer ainsi le volontariat ; 2° de donner une instruction uniforme à tous les citoyens.

En admettant, à présent, les exceptions établies par la loi et en supposant exact le recrutement porté en 1873 et rendu officiel par les comptes présentés en 1874,

Le nombre des inscrits étant de........ 303,810
Exempts pour infirmités 30,433
Comme soutiens de famille.... 48,071
Ajournés à un nouvel examen. 21,022
Dispensés conditionnellement..   4,049
Pris pour services auxiliaires.. 28,376
Pris pour la marine   5,023

On a de part et d'autre....... 136,974 — 303,810

En retranchant le premier chiffre du second on aurait, comme contingent annuel sous les armes, 166,836 recrues, ce qui pour 3 années porterait l'effectif à 500,000 hommes dépassant le chiffre actuel de 50,000 soldats. Mais cette différence serait facilement réduite en congédiant avant les 3 années accomplies un nombre égal et même supérieur de militaires suffisamment instruits.

Mais des renseignements nouveaux nous apprennent que le nombre des inscrits maintenu à 303,000 est moins considérable, ce qui pourrait rendre la réduction inutile.

Si l'instruction militaire, de l'enfance à l'époque de l'engagement, se pratiquait ainsi que nous l'avons préconisée, la durée du service pourrait être seulement de 2 années et permettrait de ne pas tenir compte de l'ensemble des exceptions mentionnées plus haut.

Quant à la crainte de manquer de sous-officiers pour prétendre au grade de sous-lieutenant, c'est une

erreur; on saura conserver dans les cadres une partie
de la génération nouvelle, si l'on sait lui assurer une
considération et un avancement présentant des avantages équivalant à ceux qu'elle est susceptible de se
créer dans la vie civile.

La loi de 1855 avait peuplé l'armée de remplaçants,
soldats, sous-officiers et même officiers, produits des
classes les plus pauvres et les plus ignorantes ; hommes qui, dans les grades inférieurs, attendaient leurs
25 années de service pour jouir d'une retraite leur
permettant de vivre dans des conditions qu'ils n'auraient pu se procurer ailleurs. A cette classe d'hommes,
ne connaissant guère que la société du cabaret, on
pouvait imposer, sans inconvénient, d'être parquée,
les sous-officiers par 2, 4 et même 8, dans une chambre avec un matériel aussi spartiate que celui du soldat ; de n'avoir qu'une salle à manger commune à tous
les grades, où même ils se trouvaient mêlés aux
hommes qu'ils étaient appelés à commander.

Il ne peut plus en être ainsi aujourd'hui que les
remplaçants disparaissent pour faire place à toute la
jeunesse de France et, parmi elle, à des hommes intelligents, capables, ayant un bagage littéraire et scientifique parfois supérieur à celui qu'on exige des élèves
de l'école de Saint-Cyr.

A ces conscrits préparés pour nos administrations,
pour les arts, l'industrie et le commerce, et que nous
avons intérêt à conserver en assez grand nombre dans
l'armée, il faut plus de considération, plus de bien-être,
un plus large avenir qu'à leurs devanciers. Ce résultat

s'obtiendra facilement si l'on cesse de les soumettre à
une claustration de caserne, jurant avec leurs habitudes du monde ; si l'on sait remplacer le trop long service de la semaine par celui du jour, et leur laisser
entière liberté après avoir satisfait au travail fixé à
chaque rapport du matin ; s'il leur est permis de jouir
des plaisirs que procurent la société, les spectacles, à
la seule condition de se tenir en garde des excentri-
cités capables de les compromettre ou de les empêcher de se consacrer à leur métier.

A chaque sous-officier qu'on donne une chambre
en tout semblable au maigre ameublement accordé aux
sous-lieutenants logés dans les pavillons militaires ;
qu'il soit chez lui et non astreint à une promiscuité qui
le blesse et le dérange ; que le sergent-major ou maréchal des logis chef ait un bureau indépendant de sa
chambre ; que les sous-officiers aient, pour chaque
grade, une salle pour leurs repas ; qu'ils soient enfin
dans des conditions à ne rien envier comme amélioration à leur sort.

Il y a quelque chose de plus important encore :
c'est qu'ils ne doutent pas que toutes les portes leur sont
ouvertes pour l'avancement, et à cet effet que rien n'entrave au moins l'action de la loi de 1832 qui leur accorde
les 2/3 des places vacantes.

Depuis les événements de 1870 on semble l'avoir ou-
bliée, par la profusion d'élèves admis aux écoles mi
litaires.

Sous Louis-Philippe et le deuxième Empire, le
chiffre n'en dépassait pas 250 à 300 ; depuis 1870, il a

atteint le chiffre de 800, qu'on semble vouloir perpé-
tuer. Cette mesure est une grave erreur, nuisible à la
bonne organisation de l'armée. L'admission de plus
de 5 à 600 élèves a forcé d'abaisser le programme des
études, et la grande agglomération de jeunes officiers
rêvant tous de hautes destinées répand dans les
troupes trop de germes de mécontentement, de critique, lorsque les rêves formés ne se réalisent pas
assez vite.

Le caractère français a été, sur ce point, apprécié
par un illustre guerrier étranger, le contemporain et
le rival de Turenne: Montécuculli.

« Les officiers français, a-t-il écrit, se croient trop
savants dès qu'ils ont fait deux ou trois campagnes ; ils veulent apprécier les manœuvres du général
et juger de sa conduite; ils se croient plus capables
de conduire une armée, ils raisonnent hautement
de ce qu'on a fait et de ce qu'on aurait dû faire ;
ils jugent par l'événement. »

Les écoles militaires sont instituées pour nous assurer quelques hommes en état de commander de
nombreuses troupes, et le maximum de ces officiers
sortant des écoles, étant fixé à un par corps chaque
année, est plus que suffisant pour atteindre ce but.
Cette limite assure une plus large part aux sous-officiers dans les vacances de tous les grades, et l'on peut
être certain de voir surgir parmi eux des officiers dignes des plus hautes positions.

L'organisation actuelle de l'armée, qui appelle toute
notre jeunesse sous le drapeau, et l'instruction régi-

5

mentaire mieux entendue, nous assureront un certain nombre de ces hommes d'élite, sachant même se faire admettre à l'école supérieure.

L'avancement dans l'armée, à l'ancienneté comme au choix, doit être le résultat non-seulement des qualités militaires, mais encore du savoir ; il y a donc, à ce sujet, un contrôle minutieux et sévère à exercer.

Le sous-officier doit d'abord subir un examen prouvant qu'il possède, outre les connaissances du métier, une instruction générale donnant à espérer, dans l'avenir, un savoir plus étendu.

Le sous-lieutenant aurait à répondre à un programme plus complet pour devenir lieutenant ; celui-ci subirait une autre épreuve le montrant apte à remplir l'emploi de capitaine ; ce dernier à son tour, pour passer chef de bataillon, aurait à démontrer qu'en lui peuvent s'arrêter ces examens assurant aux troupes des officiers en état de les commander. L'homme pourvu de l'épaulette de chef de bataillon n'aurait plus à justifier de ses mérites que par son habileté à conduire ses soldats et par sa valeur dans les batailles.

L'officier inférieur arrivé par son ancienneté à l'obtention d'un nouveau grade n'y serait point admis s'il ne fournissait les preuves de capacité exigées.

Cette suite de contrôles et leurs conséquences détermineraient des études sérieuses de la part de tous les officiers et éteindraient chez eux toute fâcheuse rivalité.

Les procédés contraires, assurant une plus large part d'avancement aux trop nombreux élèves des écoles, causeraient une jalousie, un mauvais vouloir de la part de l'autre catégorie qui ne s'accentueraient point aujourd'hui que l'armée s'organise, mais qui se traduiraient plus tard par des conflits sanglants, comme ceux qu'on a pu constater autrefois, où cependant la généralité des officiers inférieurs, remplaçants et peu instruits, avaient moins de prétentions.

Cette lutte s'aggraverait par suite de notre organisation présente; elle deviendrait un danger, ce qu'un ministre de la guerre prévoyant doit savoir conjurer.

CHAPITRE VII

BATAILLONS A 5 COMPAGNIES AU LIEU DE 4.

Nous avons préconisé dans nos premières publications ce que l'Assemblée nationale a adopté depuis : la formation des régiments à quatre bataillons. Notre manière de voir n'était autre que celle du maréchal de Raguse qui, dans son livre des *Institutions militaires*, a écrit :

« Les régiments composés de beaucoup de bataillons sont moins chers, à nombre égal ; il y a économie des états-majors, et les avantages de la vie commune appliquée à un plus grand nombre. Ces régiments ont en général un meilleur esprit, un esprit de corps plus énergique, parce qu'il y a plus d'individus concourant à sa réputation. Ils ont plus d'éclat dans l'opinion, leur force les mettant en mesure d'exécuter seuls de grandes choses. »

Mais en formant les bataillons de 1,000 hommes et à 4 compagnies de 250 chacune d'effectif, on n'a même pas su imiter entièrement l'organisation allemande, et on n'a tenu aucun compte du tempérament français.

L'Allemand, et même le Russe, est un être *automatique* qui obéit aux mouvements qu'on lui imprime, et qui dépasse rarement le but qu'on se propose. Le Français, pétulant, impressionnable, demande à être activement surveillé et contenu. Il est brave et se porte en avant avec fougue ; si un obstacle le surprend ou le décourage, il s'en éloigne aussi vite qu'il y est venu et dans un désordre qu'il n'est pas toujours facile de faire cesser.

A cette nature ardente il faut un personnel surveillant plus nombreux que pour un chiffre égal de soldats des nations désignées ci-dessus.

Ce besoin était parfaitement connu des hommes de guerre du premier Empire chargés, sous la Restauration, de réorganiser l'armée ; ils décidèrent alors qu'il fallait un officier pour quarante soldats, et notre avis est que cette proportion ne peut guère être dépassée.

Une cinquième compagnie par bataillon, portant l'effectif de toutes à 200 hommes, les rapprocherait plus des limites adoptées par des généraux d'une grande expérience, et encore à la condition d'y adjoindre, lors d'une prise d'armes sérieuse, un quatrième officier, sous-lieutenant choisi dans la réserve ou parmi les sous-officiers du corps, et en augmentant les cadres inférieurs. A la fin d'une campagne, on laisserait les cadres se reconstituer, comme en temps de paix, par extinction et retraites.

La modification que nous apportons aux compagnies, et l'urgence qui n'a cessé de se faire sentir d'éclaireurs bien appropriés au service de l'infanterie, nous a déterminé à vouloir, pour la cinquième compagnie, une organisation spéciale, telle qu'on la désirait à la formation des grenadiers, des voltigeurs et des chasseurs à pied, qui ne furent point constitués de manière à répondre à ce qu'on espérait en obtenir.

« Il faut une troupe légère, écrit le maréchal de Raguse, qui ait une instruction particulière, employée aux avant-gardes pour des pays coupés ou de montagnes. »

Cette cinquième compagnie devrait être constituée, ainsi que nous le disions dans le chapitre III, avec une tenue sombre, le fusil bronzé, les outils et les havre-sacs portés par des mulets ou des voitures; elle servirait à faciliter par des travaux la marche de son corps, l'éclairerait et le couvrirait, et même, réunie à celles d'un même régiment et sous les ordres momentanés d'un officier supérieur, formerait une redoutable avant-garde.

Ces tirailleurs, utilisés à la façon des vélites des légions romaines, occupant leur place en avant ou en réserve, dans les bataillons marchant au tact des coudes, n'apporteraient aucune perturbation à leur ordre et pourraient encore être lancés en enfants perdus sur les flancs d'un ennemi dont on aurait intérêt à menacer la ligne de retraite.

Mais ce qui nous fait surtout attacher une grande importance à cette compagnie composée d'hommes jeunes, agiles et des plus vigoureux, auxquels on affecterait de préférence des officiers sortis de l'école

supérieure, c'est qu'il a été émis sur l'emploi des tirailleurs une théorie qui, si elle était adoptée, nous
préparerait de rudes mécomptes.

Le général Charton, du génie, président de la commission de l'organisation de l'armée, déclarait dans
l'ouvrage remis à l'Assemblée nationale : « que la
rapidité et la justesse du tir de l'infanterie et les
effets de l'artillerie à de grandes distances obligent
les troupes à se développer, et que le combat de tirailleurs tend à se substituer de plus en plus à l'action des groupes. »

Après ce général des officiers moins autorisés ont
développé la thèse d'opérations par des tirailleurs en
grandes bandes, thèse qu'il importe de repousser.

Il est incontestable qu'en raison de la précision et de
la grande portée des armes, un officier doit chercher,
plus que jamais, à tirer le meilleur parti possible des
positions occupées par ses troupes, afin de les préserver de l'action meurtrière des projectiles, et que,
dans ce but, et pour préparer une action, les tirailleurs
sont avantageusement employés, parce qu'ils sont plus
libres dans leurs mouvements et peuvent mieux s'a-
briter.

Mais d'autre part, n'oublions pas que les tirailleurs
obtiennent très-rarement des résultats définitifs et
qu'il leur faut un concours de masses parfaitement en
ordre et vigoureusement organisées.

Que tous les soldats sachent agir en tirailleurs ; mais
soyons assez sages pour en bien déterminer le nombre,
qui doit être de beaucoup inférieur au corps de bataille.

A la guerre, beaucoup d'officiers ont pu se rendre compte des difficultés qu'on éprouve à bien diriger une ligne de tirailleurs un peu considérable, et combien il est rare de les remettre promptement d'un échec pour se reporter en avant ou faire acte de résistance. Répudions donc leur emploi en grandes bandes.

Le bataillon, maintenu en réserve et fortement constitué, est la muraille contre laquelle doivent venir se briser les efforts de l'ennemi. C'est aussi le bélier appelé à faire brèche ; c'est le dernier mot de la bataille.

Les attaques par fractions de compagnies, qui sont, nous assure-t-on, fort en faveur dans nos corps d'armée, ne doivent pas davantage faire oublier que ce sont des opérations très-secondaires, et qu'il faut derrière elles des masses pour surmonter les obstacles d'une certaine importance.

En s'exagérant les effets qu'on peut attendre de tels fractionnements, on outre-passerait l'emploi qu'ont su si habilement en faire nos ennemis.

Les luttes par compagnies avaient, pour eux, comme but, de sonder un terrain, de faire reculer des fractions de troupes, afin de connaître ce qui est en arrière, d'enlever des positions faiblement gardées, ou bien encore d'entretenir un combat sans de trop grandes pertes.

Mais attendre de ces mouvements des résultats souvent décisifs et les employer dans cette espérance et sur une vaste échelle serait, devant un adversaire un peu habile, se mettre en bien des circonstances dans des situations fâcheuses.

5.

Évitons de nous illusionner en voyant, sur des terrains de manœuvres, la parfaite exécution de mouvements de ce genre par des compagnies dispersées pour agir sur divers points, puis, se réunissant suivant un signal ou une convention pour donner, avec ensemble, un dernier coup de collier.

Un combat réel, le bruit et les effets d'une fusillade, ainsi que du canon, le besoin de s'en préserver, enfin les différentes formes du terrain à parcourir rendent souvent impossibles ces sortes d'opérations et ne permettent pas davantage la prompte concentration de forces ainsi divisées.

Cette dispersion serait d'autant plus dangereuse qu'elle aurait lieu sur une vaste étendue, soit par brigades ou divisions fractionnées par compagnies; elles risqueraient de se voir traverser et désorganiser par des forces infiniment inférieures, mais plus nombreuses sur un de leurs points d'attaque, si cette ligne n'avait à proximité des troupes capables de suppléer à sa faiblesse.

CHAPITRE VIII

CHASSEURS A PIED.

Le président chargé de la réorganisation de l'armée s'exprimait ainsi, au sujet des troupes légères et particulièrement des chasseurs à pied :

« Frédéric II forma, sous le nom de chasseurs, des compagnies d'élite ou des corps particuliers avec les gardes-chasse et tous les bons tireurs du pays.

« Cette règle rationnelle préside encore aujourd'hui en Allemagne au recrutement des *jager*.

« Les chasseurs à pied existaient, comme infanterie légère, dans les légions mixtes de Louis XV, de même que les chasseurs à cheval dans le corps de Fischer, créé en 1740. Un décret du 9 pluviôse an II supprimait les bataillons des légions et les corps francs et les organisait en bataillons d'infanterie légère. L'institution se dénaturant, l'infanterie légère fut organisée, comme l'infanterie de ligne, en demi-brigades. Les légions départementales d'infanterie légère furent également comprises en 1818 dans l'organisation de

Gouvion-Saint-Cyr. En 1820 le ministre Latour-Maubourg rétablissait l'ancien état de choses et formait avec ces légions 20 régiments d'infanterie légère. Le 24 janvier 1840 on formait 4 nouveaux régiments.

« C'est à cette époque que furent créés, sous l'inspiration et la surveillance du duc d'Orléans, les chasseurs à pied.

« Cette troupe, recrutée d'une manière spéciale, ayant un armement perfectionné, une instruction et un équipement différents de l'infanterie, devint dès lors la véritable infanterie légère de l'armée. Elle la constitua seule, après que le décret du 24 octobre 1854 eut prononcé la dissolution de l'infanterie légère et la réunion de ses 25 régiments aux 75 régiments d'infanterie de ligne.

« Une décision du 11 mars 1860 réduisit à 6 le nombre des compagnies, qui étaient à 8 par bataillon.

« Un décret présidentiel du 24 juillet 1871 portait le nombre des bataillons de chasseurs de 20 à 30 et rétablissait les 8 compagnies.

« Votre commission s'est demandé si, aujourd'hui que les bataillons de chasseurs à pied ont le même armement, la même instruction que l'infanterie de ligne et qu'ils n'en diffèrent que par l'uniforme, il ne conviendrait pas d'en arriver enfin, par leur suppression, au principe si réalisable de l'unification de l'infanterie. »

Puis viennent des considérations pour ou contre leur maintien ou leur suppression qui, si je ne savais leur inutilité comme troupe légère, m'en auraient convaincu.

Les chasseurs à pied eurent une période brillante,
celle durant laquelle, pourvus d'un fusil à longue portée et d'un tir plus juste que celui de l'infanterie, ils
remplirent, en Afrique, le rôle de soutien dans les
arrière-gardes et où, à l'aide de leurs balles, ils dé-
pistaient les Arabes de positions d'où ils pouvaient
nous incommoder.

Il nous revient à la mémoire un épisode où ils furent fort utiles :

Le bon et brave général Blanginy, en 1849, ayant
pénétré dans la Kabylie, avait eu ses troupes assez
fortement éprouvées ; mais payant d'audace, il pénétrait,
quelques jours après un échec, dans les montagnes
abruptes des Flissas. Ses bataillons y rencontrèrent
peu de résistance, l'ennemi se réservant de répondre
à notre attaque en nous poursuivant lorsqu'il nous
faudrait abandonner les positions enlevées pour retourner au camp.

Nous nous en préoccupions, et le général plus encore
que ses chefs inférieurs. L'heure venue de se retirer,
le général vint au commandant de Wimpffen et le
prévint que toutes les troupes, moins son bataillon,
allaient rapidement s'éloigner : « Quant à vous, faites
couronner cette crête par vos turcos, et lorsque le
terrain en arrière de vous sera suffisamment libre, ce
que vous apprécierez, exécutez votre mouvement de
retraite. » Le commandant répondit en souriant : « Je
crois, mon général, que vous préférez avoir ce soir plutôt des tirailleurs indigènes blessés et tués que des
Français. — C'est vrai, mais vous connaissez la

guerre de montagnes et je compte sur vous pour qu'il y en ait le moins possible. — Veuillez, mon général, mettre à ma disposition une compagnie de chasseurs à pied que je renverrai aussitôt après avoir usé une fois de son feu, ce qui me permettra peut-être de retarder le retour offensif de ces enragés Kabyles. »

Les chasseurs eurent pour consigne de se rendre bien compte d'une distance qui leur fut indiquée ; puis au signal de la retraite et lorsque les Kabyles se seraient groupés sur un point culminant d'où ils devaient s'élancer contre nous, d'avoir à tirer sur eux de manière à en mettre le plus possible hors de combat.

L'ensemble de notre petite armée avait évacué la place sans bruit de tambours et clairons ; le moment venu pour les turcos de se retirer, leurs clairons firent entendre et répétèrent la sonnerie de la retraite. Les Kabyles se montrent, s'agglomèrent ainsi qu'il avait été prévu ; ils agitent leurs burnous, leurs fusils, leurs drapeaux ; à ce moment, une décharge, comme un coup de canon, vient les surprendre, beaucoup d'entre eux sont atteints par nos balles. Alors la charge est sonnée, ce qu'attendent les chasseurs et turcos pour battre en retraite, moins quelques hommes qui se portent en avant, aux cris: « A la baïonnette ! » pour simuler un retour offensif. L'ennemi, au courant de nos sonneries et des cris des turcos, se sauve tout préoccupé d'enlever ses blessés et ses morts.

Nous en profitons pour nous éloigner au pas de

course, par échelons, sans répondre à des coups de fusil tirés de trop loin. Officiers et soldats avaient compris que le moindre retard pouvait les compromettre dans le parcours de sentiers longs et difficiles et où il fallait renoncer à des moyens de transport. La retraite commencée à 5 heures du soir se terminait à minuit, moment où le commandant des tirailleurs entrait sous la tente du général qui l'attendait.

— Eh bien, Wimpffen, combien d'hommes mis hors de combat?

— Pas un; tant tués que blessés, nous nous portons tous bien.

— Vrai? vous êtes un brave garçon, j'avais raison de compter sur vous; approchez, que je vous embrasse.

Cette première récompense était bientôt suivie d'une seconde, celle de la croix d'officier de la Légion d'honneur.

Mais ces sortes de combats cessèrent ou devinrent très-rares. Les cadres, ainsi qu'une partie des soldats des chasseurs à pied, vieillirent, et cette troupe rompue aux manœuvres de l'infanterie mieux armée ne présenta plus des qualités telles qu'elle pût conserver sa suprématie, pour certains services, sur les bataillons de régiments. Ils furent même assez souvent plus mal commandés, par suite de l'inexpérience de leurs chefs. Leur spécialité fut même bientôt contestée en Crimée, où les tirailleurs algériens furent choisis pour des reconnaissances et attaques de nuit des avant-postes de l'armée russe.

Nos Arabes , si habiles dans ces sortes d'opérations, prouvèrent là combien les manœuvres régulières
et l'habitude du tact des coudes leur avaient fait perdre de leur initiative. Plus tard, des compagnies de
volontaires composées de soldats de tous les corps furent chargées de se tenir en avant de nos tranchées et
eurent à soutenir des combats d'embuscades.

Au camp de Châlons, en 1856, il fut question des
chasseurs à pied, et les généraux présents, tout en
reconnaissant les services rendus par cette troupe,
déclarèrent qu'actuellement, n'ayant d'autre arme que
celle de l'infanterie, son rôle n'était plus que celui des
autres bataillons et qu'on ne pouvait plus alléguer en
sa faveur les raisons qui avaient motivé sa formation
en 1840.

Si l'on veut conserver des bataillons de chasseurs
ayant une mission spéciale à remplir, qu'on en fasse
des gardes frontières pris dans les corps régionaux et
composés de gardes forestiers, de douaniers, de bra-
conniers et de contrebandiers qui se tendront la main
pour combattre un ennemi commun. Ces bataillons
s'opposeraient aux envahissements d'éclaireurs, de petits corps, et attaqueraient les convois. C'est par des
chasseurs que nos soldats pourraient être dirigés dans
les moindres chemins, même sur les terres de nos
ennemis confinant à notre territoire.

CHAPITRE IX

GÉNIE.

Les corps spéciaux et leurs comités ont eu généralement le tort de donner à leur service une extension plus avantageuse à l'avancement de leurs membres qu'utile à des missions qu'on a multipliées.

Ce reproche peut surtout s'appliquer à l'arme du génie, qui est arrivée à procurer à ses cadres des proportions très-exagérées, ce qui lui attire de nombreuses critiques et amène un contrôle sévère sur ses actes. Il est peu d'écrivains militaires qui, s'occupant actuellement de la réorganisation de notre armée, ne se soient élevés contre la constitution de ce corps.

Un général d'artillerie, dans un écrit remarquable sur son arme, attaque vivement celle du génie : « La lutte qui va s'engager fatalement entre vous et l'artillerie, fait-il dire à l'un des maîtres de la science, sera longue ; votre bonne renommée vous soutiendra longtemps ; vous enlèverez aux officiers d'infanterie la fortification passagère et vous n'aurez

réussi qu'à abaisser le niveau scientifique de l'infanterie, c'est-à-dire de l'armée elle-même. »

Je recevais, en 1874, une lettre qui mérite d'être
mentionnée :

« Mon général,

« Vos articles militaires ont été fort remarqués ;
je les ai entendu commenter par des personnes qui
vous donnèrent un juste tribut d'éloges et d'approbation.

« A cette occasion, ils signalaient le nombreux état-
major du génie et exprimaient le désir de connaître
votre opinion et vos appréciations sur ce cadre aussi
oisif qu'exubérant.

« Quoique vous connaissiez bien mieux que moi la
situation et l'utilité des états-majors particuliers, j'ai
cru opportun de relever les observations qu'ils ont
suggérées, et je me permets de vous les adresser dans
l'espoir que vous voudrez bien examiner et traiter,
avant la discussion du projet de loi sur les cadres, une
question qui intéresse tant de personnalités et qui
semble réclamer des réformes indispensables.

« Les Prussiens, vous le savez, n'ont ni généraux,
ni colonels, ni lieutenants-colonels du génie, et cependant leurs fortifications, ainsi que leurs casernes, sont
pour le moins aussi bien établies et entretenues que
les nôtres ; en France, et d'après l'annuaire de 1874,
nous avons 30 généraux de division ou de brigade,
35 colonels, 33 lieutenants-colonels, 149 chefs de ba-

taillon, 185 capitaines de 1re classe, 148 capitaines de 2e classe, 121 lieutenants, 65 sous-lieutenants, au total 800 officiers du génie, et plus de 600 gardes, sans compter les caserniers.

« Sans nier le mérite de ces officiers, il est permis de se demander si les services qu'ils rendent, soit en temps de paix, soit en temps de guerre, sont en rapport avec les sacrifices que la France s'impose pour l'entretien de ce fabuleux personnel.

« Est-ce que les autres armes manquent d'officiers capables de fixer les points à fortifier de notre nouvelle frontière et d'en préparer les plans et devis?

« Que font les directeurs de fortifications et les commandants du génie des diverses garnisons? leur utilité n'est-elle pas réduite par la rapidité des communications, chemins de fer, télégraphes, etc.?...

« L'entretien des fortifications ou des casernes ne serait-il pas aussi bien garanti sous la surveillance permanente d'un garde du génie ou sous l'inspection périodique d'un officier de cette arme et confié à un entrepreneur? Il est à remarquer que, dans la plupart des places fortes ou garnisons, les dépenses d'entretien s'élèvent au maximum à 1,000 ou 1,200 francs par an ; est-ce bien là un métier d'officiers?

« Je pourrais citer plusieurs places où le commandant du génie du grade de lieutenant-colonel a pour adjoints 2 capitaines ou lieutenants, 2 gardes, plus des caserniers, et où, depuis deux ans, les dépenses actuelles n'ont pas dépassé 2,000 francs.

« Un décret du 22 décembre dernier a porté de

26 à 30 le nombre des directeurs de fortifications : notre territoire est diminué et on augmente les sinécures.

« L'importance du service du génie qui consiste à veiller à l'entretien des fortifications et des casernes (une fois les fortifications terminées) n'est mise en avant que pour pouvoir trouver des emplois aux 20 généraux de brigade, aux 35 colonels et enfin à tous les officiers de cette arme.

« L'organisation prussienne qui ne comporte par corps d'armée qu'un bataillon du génie de 500 hommes commandés par 18 officiers, sans généraux, ni colonels, ni lieutenants-colonels, serait-elle donc mauvaise? Quels en sont les vices? En quoi la nôtre est-elle préférable? »

Le général Charton, dans l'œuvre qu'il a présentée à l'Assemblée, répète les paroles du général Bardin :

« Avoir de belles armes spéciales et une infanterie énervée, c'est orner de pierreries un cadavre. »

Le président de la commission dit à son tour : « C'est ainsi que l'avait compris Frédéric II et que le comprend encore la Prusse, qui tend constamment à relever son infanterie. »

Cette prédilection sage est obligatoire pour nous, envers l'âme des batailles.

Il convient de concentrer, le plus possible, dans tous les corps, et particulièrement dans l'infanterie, la plus exposée aux péripéties de la guerre, tous les moyens propres à parer à bien des éventualités.

En laissant à chaque arme le rôle qui lui est affecté,

il n'en convient pas moins de lui procurer la possibilité de se passer de certains accessoires, pour ses marches, ses campements et même pour ses travaux de campagne.

Combien de fois n'avons-nous pas eu à regretter de voir nos compagnies d'infanterie privées des outils les plus simples et les plus usuels, la pioche et la pelle, le génie leur ayant fait involontairement défaut!

En 1845, le maréchal Bugeaud changeant son itinéraire s'engageait dans une gorge présentant, au début, un assez maigre sentier.

Il se trouvait bientôt en présence d'une solution de continuité, sur un terrain escarpé, au-dessus d'un précipice et dans une position fort dangereuse pour des chevaux. On appelle à grands cris les soldats du génie pour prolonger le chemin, mais ils étaient loin et les fantassins d'avant-garde, faute d'outils, se servirent de leurs baïonnettes, de leurs sabres et de leurs mains pour remuer la surface du sol et l'égaliser, ce qui permit au maréchal et à sa suite de continuer leur route.

En Crimée, sur les bords de la Tchernaïa, les soldats de la division Camou durent, en partie, leur résistance victorieuse contre les Russes à la surélévation d'une berge d'un canal, travail exécuté par eux, sous l'impulsion de leurs officiers et avec les outils délivrés pour le service du camp.

En maintes circonstances plus récentes, la nécessité de pourvoir les troupes de ligne d'outils s'est grandement fait sentir; mais le génie constitué en corps s'est efforcé, pour conserver son omnipotence et son utilité, de se réserver l'exécution et la direction des moindres mouvements de terre, et s'est approprié les moyens de les exécuter. Il en est résulté ainsi une grande gêne pour les corps de la ligne et, comme l'a écrit le général Susanne, un amoindrissement dans l'instruction.

Arrivé sur un point où il importe d'améliorer un chemin, d'abattre un arbre, de barricader une maison ou simplement de créer un abri, il faut que l'infanterie fasse une demande d'outils à l'autorité supérieure, qui l'envoie au chef d'état-major du quartier général, qui, absent ou faisant attendre, en prévient tardivement le génie; le temps s'est écoulé et on remet à un autre jour ce qu'on aurait pu exécuter avec rapidité; heureux s'il n'en résulte aucun inconvénient grave.

Les compagnies, ainsi que les escadrons, doivent posséder un certain nombre d'outils, ce qui avait lieu jadis, et, de plus, savoir s'en servir.

Il est vrai que cette précaution rendra le concours du génie d'autant moins indispensable que les officiers et les soldats de tous les corps auront été préparés à tous les travaux de campagne.

Son action s'amoindrira encore plus, lorsque toutes les troupes auront des officiers ayant subi les épreuves de l'école supérieure, capables, étant passés maîtres, non-seulement de les diriger dans les travaux de campagne, mais encore dans ceux des siéges.

Examinons maintenant si une spécialité aussi concentrée que l'est celle du génie n'est pas plus nuisible qu'utile au développement des connaissances générales que doivent avoir des ingénieurs ; si la possession d'une troupe spéciale leur apprend le bon emploi à faire des autres corps et ce qui répond le mieux à leurs besoins.

Le premier ingénieur qui ait voulu une troupe capable de répondre à toutes les exigences de son service fut Vauban, et il avait raison, car alors il ne pouvait disposer, pour ses travaux, que des malheureux des campagnes et des villes réunis par force et n'apportant qu'un médiocre concours, lorsqu'ils ne s'y prêtaient pas de très-mauvaise grâce.

L'illustre Colbert lui répondit : « Utilisez les bras des troupes » ; et à partir de cette décision les soldats furent employés, non-seulement aux travaux militaires, mais encore à ceux de la paix, les arrachant ainsi à l'oisiveté et les préparant aux fatigues de la guerre.

Cet élément de travail autrement intelligent pourrait également se rencontrer de nos jours. Toutes les classes de notre société prenant part au métier des armes, on y trouverait facilement des hommes habiles dans toutes les professions, forts, énergiques et pleins de bonne volonté. Cette ressource incontestable indique suffisamment que le rôle qu'on tient à faire remplir au corps du génie devient de jour en jour moins nécessaire.

Les régiments du génie, qui viennent d'être augmentés par un de nos ministres, donnent plus de satisfaction à l'avancement de leurs officiers qu'ils ne sont utiles. Les officiers s'en occupent peu au point de vue des manœuvres, des marches et des petites opérations de la guerre inculquant quelques idées de tactique : ils en font des ouvriers ; et leurs chefs en grand nombre préfèrent des positions hors cadres que d'avoir à les commander.

Autrefois tous les corps de l'armée, avant l'institution d'une école du génie, produisaient des ingénieurs qui n'ont rien perdu de leur mérite et de leur prestige.

Pierre de Navarre, soldat, capitaine, général, commandant d'armée et amiral, était habile ingénieur et fut le premier qui sut user des mines avec succès. Le fameux Montluc, grand batailleur, fort entendu dans l'attaque comme dans la défense, inventait les places d'armes. Henri IV et son ministre Sully savaient prendre les places de guerre et aussi les préparer à de vigoureuses et longues résistances.

Le célèbre Vauban, sorti de l'infanterie, construisait cet ensemble de places fortes garnissant nos frontières et bravant alors les effets de canons à petite portée. Ce grand homme formait des élèves qui, succombant en grand nombre dans les siéges, étaient appelés par lui les martyrs de l'infanterie.

Cormontaigne avait été officier de dragons. Ces derniers, mêlés aux troupes, ayant pris part à leur existence, en connaissaient les qualités et les défauts et par là se complétaient comme ingénieurs.

Ceux sortant d'une école et qui, depuis, ne se sont occupés que de l'art des fortifications, peuvent être des savants, mais ignorer la véritable science nécessaire pour bien utiliser les forces d'un pays.

C'est le reproche qu'on adresse aux ingénieurs de notre époque.

Des sommités militaires, ou des écrivains justes appréciateurs des choses de la guerre, l'ont publié avant nous. « La science de la fortification et celle de la tactique, dit Guibert, sont infiniment liées l'une à l'autre. C'est sur la tactique que sont fondés les bons et véritables principes de la science des fortifications. Pour être ingénieur il faut être tacticien.

« C'est faute de cette connaissance, ajoute cet écrivain, que s'introduisit l'usage des lignes, absurdité qui rappelle cette fameuse muraille de la Chine. A l'usage des lignes succéda celui des grandes positions retranchées, proportionnées au front d'une armée ; seconde erreur défensive, moins mauvaise que la première, mais funeste aux généraux. »

Un ingénieur, professeur du duc de Bourgogne, a écrit pour l'instruction de son élève :

« Si les places fortes sont assez nombreuses pour nécessiter l'emploi de plusieurs armées, on peut dire que l'avantage qu'elles présentent ne serait qu'apparent et qu'il serait réellement préjudiciable au bien de l'Etat. Quelque utiles que soient les places fortes, il est donc important de ne les multiplier qu'avec beaucoup de circonspection. »

Folard dit aussi : « Le trop grand nombre de places fortifiées a plusieurs inconvénients : d'abord celui de la dépense de leur construction et de leur entretien ; ensuite les nombreuses garnisons qu'elles exigent, qui diminuent la force de l'armée que l'on met en

6

campagne; enfin, la difficulté do les munir pour longtemps d'approvisionnements de guerre et de bouche. »

Il ajoutait : « qu'il est avantageux qu'un État fasse
l'examen de celles réellement utiles afin de démolir
toutes les autres. »

Dans un travail fort remarquable, publié en 1871 par
le colonel d'état-major, aujourd'hui général Lewal, on
lit : « Les places fortes sont au nombre de 152 environ. La plupart sont inutiles, sans valeur, mal placées ou insuffisantes. Il est nécessaire de prendre
un parti radical et de supprimer une forte proportion dc ces forteresses plus nuisibles qu'utiles. Les
villes acquerraient volontiers ces terrains militaires,
qui s'opposent à leur extension. Il en résulterait
pour le Trésor des ressources financières, à l'aide
desquelles on organiserait parfaitement un petit nombre
de places ou de vastes camps retranchés. »

Ces principes sont-ils suivis ? nos ingénieurs, amoureux de leur art, se montrent-ils sobres de places de
guerre à créer et assez convaincus par les faits survenus dans nos derniers et malheureux événements pour
se résigner à déclasser toute place ne pouvant résister
ou offrir un obstacle sérieux aux projets de l'ennemi ?

Combien en avons-nous aujourd'hui, de ces places
dépourvues de leur armement, de leurs approvisionnements et de leur personnel, dont la conquête facile a été
une des gloires de nos ennemis!

Les places qui n'ont aucune importance au point de
vue des communications, ou dont le rôle peut être annulé
par une déviation de quelques kilomètres d'une voie

ferrée, ne méritent point d'être conservées : l'ennemi, s'il ne veut les prendre, n'ayant qu'à les masquer par quelques troupes. Or, les armées victorieuses, si pourvues d'hommes, de nos jours, peuvent, sans compromettre leurs succès, en détacher quelques fractions ou en utiliser à des travaux auxquels concourent les vaincus.

Enfin, nos ingénieurs ont-ils bien pesé les dangers qui résultent de grandes places d'armes, tant pour leur défense qu'en raison des facilités qu'elles procurent pour s'y réfugier aux généraux timides ou éprouvés, trouvant préférable de s'y abriter que de continuer à manœuvrer et combattre en rase campagne ?

Le fait, autrefois très-controversé, qu'une armée maîtresse des campagnes était maîtresse des forteresses, est, de notre temps, une vérité incontestable.

C'est à des troupes exercées et tenant la campagne qu'un pays sera, avant tout, redevable de son indépendance.

Le premier devoir est donc d'en avoir autant, si ce n'est plus, qu'un ennemi peut en opposer.

Les obstacles propres à retarder la marche de celui qui envahit, et assurant la conservation de ressources en approvisionnements, en vivres et en armes, sont ce qui doit ensuite le plus préoccuper.

Mais, en établissant avec soin des places fortifiées, il convient d'en limiter le nombre, afin d'éviter l'immobilisation d'un trop grand nombre de soldats, surtout si, en raison de leur population, ces places ont besoin de nombreux ouvrages avancés.

« Je voudrais, écrivait le maréchal de Saxe, que les places de guerre ne fussent occupées que par des troupes, et qu'aucun habitant incapable de concourir à la défense n'eût le droit d'y demeurer. Les populations inoffensives doivent rester paisiblement dans les villes, en avant desquelles seraient ces places protectrices. »

Cette règle, un peu trop exclusive, mérite cependant qu'on l'adopte en partie, en ne fortifiant que les villes de médiocre grandeur.

Paris et Lyon sont trop grandement entourées de petites forteresses pour qu'on ait rien à changer à leur situation actuelle; mais évitons d'opérer de même pour des centres très-populeux, leur défense entraînerait trop de dépenses et de soldats.

Les hommes qui rêvent des murailles beaucoup et partout semblent ignorer que nos luttes d'à présent ne ressemblent en rien à celles qui ont précédé ; c'est un duel entre toutes les forces vives de deux nations; lutte qui ne peut être que de courte durée.

Oublions les temps passés où les armées d'un faible effectif, opérant dans des contrées sans voies de communications faciles et nombreuses, n'ayant que des ressources restreintes, étaient tenues à une grande prudence et à ne point laisser le moindre ennemi derrière soi, tant un revers pouvait porter préjudice aux plus brillants succès et rendre difficile la retraite de troupes envahissantes.

Contre ces armées, Vauban prodiguait de petites places fortes capables de résister à leurs canons;

système qu'il modifierait grandement s'il pouvait revenir en ce monde.

Paris, avec ses forts à 8, à 16 et même à 20 kilomètres, n'est-il pas dans des conditions contraires à une bonne défense et à un emploi judicieux des troupes ? Ces dispositions défensives ne sont-elles pas à l'encontre de mouvements rapides des troupes du centre à la circonférence ? Une brèche faite dans son enceinte, sa garnison ou son armée, quelle que soit sa force, résistera-t-elle à l'irruption d'une armée victorieuse égale en nombre et peut-être supérieure ?

Cette brèche ouverte n'annulerait-t-elle pas les effets de tous les forts de la zone la plus avancée?

Pour nous Paris était assez bien entouré et un ou deux forts seuls nécessitaient des ouvrages plus éloignés du corps de place.

En supposant, en cas de nouvelles guerres, que nous soyons vainqueurs, ne trouverons-nous pas que nous avons prodigué trop de travaux défensifs autour de cette ville ?

Si nous sommes obligés de nous replier à l'intérieur pour y prendre de nouvelles forces, l'ennemi ne sera-t-il pas assez promptement contenu; puis vigoureusement attaqué pour qu'il ne veuille pas immobiliser ses troupes dans les opérations d'un siége afin de les concentrer pour livrer bataille ? Dans cette supposition, comme dans la précédente, notre capitale seulement surveillée aurait eu assez de sa première ceinture.

Si, au contraire, nous sommes vaincus de façon à ne pouvoir plus causer de graves inquiétudes à l'en-

6.

nemi, il attendra, s'il ne veut réduire de vive force
Paris et les autres places fortes, qu'elles se rendent
par famine.

Nous dirons comme conséquence de ce qui précède
que la suppression des régiments du génie, sans utilité sérieuse en campagne, sera un service rendu à
l'armée : elle sentira la nécessité, depuis le général
jusqu'aux soldats, de se familiariser aux travaux de
guerre. L'armée redeviendra ce qu'elle était sous Colbert et Vauban : les pionniers du génie.

Nous allons plus loin que la Prusse et nous n'admettons pas un bataillon par corps d'armée, tout en
reconnaissant l'utilité de quelques troupes du génie
pour les siéges et la défense des places ; aussi ad-
mettons-nous des compagnies ou bataillons, suivant
l'importance des forteresses et y demeurant à poste
fixe. Cette troupe se recruterait de sous-officiers et
soldats ayant prouvé leur connaissance des travaux
et qui pourraient attendre dans ces résidences que
25 années de service leur assurassent une honorable
retraite ; leurs officiers seraient également libres
d'y terminer leur carrière.

Outre sa mission spéciale, cette troupe servirait aussi
d'école à certaines fractions des corps agissant en dehors de l'armée active et destinées au service des
places de guerre.

Ces compagnies ou bataillons sédentaires ne pourraient être déplacés que dans le cas où, pour des siéges, le besoin s'en ferait sentir ; leurs officiers auraient
la surveillance des bâtiments militaires et des travaux

de l'État, dans leur circonscription. C'est, enfin, à des officiers supérieurs du génie et de l'artillerie que serait confié le commandement des places, tout en maintenant au ministre de la guerre, ainsi que le voulait Louvois, le droit de les employer alternativement, suivant les nécessités, dans les places ou aux armées. Ces commandements, donnés de préférence à des officiers habiles et d'une grande expérience, devraient leur être conservés le plus longtemps possible , de manière à leur fournir ainsi la facilité de bien connaître les qualités de leur place et ses défauts pour savoir y obvier.

Vauban a écrit :

« Entre ceux qui défendent mal les places on pourrait citer les officiers généraux et commandants particuliers qu'on y envoie dans l'attente d'un siége. Ils n'ont peut-être jamais vu la place et ils ne la peuvent connaître en peu de temps, ce qui les expose à commettre de terribles fautes. »

Nous devons éviter, autant que possible, ce danger, en ayant dans les places et à résidence fixe des hommes spéciaux, en connaissant les moindres détails, sachant jusqu'où leurs boulets peuvent atteindre.

Aux officiers du génie reviendraient aussi les opérations géodésiques et la confection des cartes; leur rôle d'ingénieurs géographes, qui a duré jusqu'en 1796, ayant laissé de brillants souvenirs, les officiers d'état-major n'auraient plus qu'à produire des levers à vue, dans lesquels ils devront exceller.

Les officiers du génie, actuellement au nombre de

800, tandis que, au temps de Louis XIV, pendant le long
règne duquel on fut constamment occupé de siéges ou
de construction de places de guerre, on n'en possédait
que 600, qui, en outre, étaient chargés des travaux
maritimes, des canaux et autres travaux de la paix,
prouvent suffisamment l'exagération de ce cadre, ayant
comme aides 600 gardes et probablement davantage
de caserniers.

Des travaux moins considérables à exécuter et des
économies indispensables à réaliser firent réduire,
sous Louvois, le corps du génie à 200 ingénieurs ;
nous devons également, et pour même cause, diminuer au moins de moitié l'effectif des officiers du génie
et de leurs accessoires, tout en procurant à ce personnel un avancement en rapport avec ses mérites.

CHAPITRE X

CAVALERIE.

Le rôle de la cavalerie a été d'autant plus considérable que l'infanterie s'est trouvée mal armée et dépourvue de tout ordre lui donnant une certaine
solidité.

Les peuples d'Asie, aux vastes plaines propres à
l'élevage des chevaux, avaient une grande confiance
dans leur cavalerie qui, à diverses époques, jouait l'action principale dans les batailles.

Elle possédait une célérité inconnue de nos jours ;
active, sachant se grouper ou se diviser, homme par
homme, elle surmontait tous les obstacles de terrain, et les plus larges fleuves retardaient à peine sa
marche.

Cette cavalerie, repoussée, se rendait promptement
invisible ; mais lorsque les troupes victorieuses se laissaient aller au désordre, ou lorsque les soldats rom-
paient leurs rangs par suite d'une marche pénible,
elle reparaissait pour fondre sur les hommes isolés ou

sur des fractions de corps hors d'état d'opposer une grande résistance.

C'est en procédant ainsi contre les Romains, que les cavaliers parthes et persans détruisirent plusieurs de leurs armées. Annibal sut faire un judicieux usage, durant son séjour en Italie, de sa cavalerie numide, troupe légère et aux ardents chevaux, contre la cavalerie romaine aux hommes plus lourds, moins habiles à manier leurs armes et moins prompts dans leurs mouvements. Les chevaliers romains, ainsi que la cavalerie de leurs alliés, décidèrent bien rarement du sort d'une bataille, mais ils contribuèrent cependant aux succès obtenus par les légions, grâce à leurs qualités d'avant-garde et de poursuite.

Le concours des barbares à la défense de l'empire fut en grande partie cause des graves modifications apportées aux légions, jusqu'à ce que leurs flots incessants en eurent amené la complète désorganisation et, par suite, la fin de leur puissante action militaire sur tous les peuples des trois continents.

Les nations envahissantes et sauvages venues de la Germanie et du Caucase, bandes tumultueuses ne comptant que sur le nombre et la force, sans le moindre principe de guerre, rendirent à la cavalerie la prépondérance que la phalange d'abord, puis la légion, lui avaient fait perdre.

Il en advint, comme le dit Folard avec d'autres écrivains : « Que plus l'infanterie se détériore et plus tout décline, plus s'augmentent le nombre et le rôle de la cavalerie. »

L'absence d'une bonne infanterie et de tout art militaire contribua à développer l'institution des chevaliers tout couverts de fer, qui, durant plusieurs siècles, eurent d'irrésistibles avantages sur les gens de pied.

L'infanterie reconstituée chez les Suisses et formée en corps profonds, présentant une muraille de piques, fut la première à s'opposer victorieusement aux prétentions de la meilleure grosse cavalerie du monde, commandée par l'altier duc de Bourgogne, Charles le Téméraire. Les Suisses, non-seulement rendirent impuissants les efforts des chevaliers, mais encore leur infligèrent deux désastreuses défaites.

A Poitiers, les chevaliers français, obligés de descendre de cheval pour se porter sur les positions anglaises, mais retardés dans leur marche par leurs lourdes armures, furent défaits et ne purent empêcher un roi de France de se rendre prisonnier.

Les chevaliers, en perdant de leur prestige, déterminaient l'accroissement d'une cavalerie moins chargée, aux chevaux plus légers et aux allures plus vives, et par suite plus appropriée aux exigences que comportait la reconstitution d'une bonne infanterie. On vit cette cavalerie, dès ses débuts, rendre de grands services dans les marches, les combats et les poursuites. A la bataille de Bouvines, un corps de cavalerie légère chargeait avec succès des gens d'armes allemands.

Cette nouvelle troupe se constituait surtout à l'étranger, en Allemagne, en Italie et en Espagne, sous

divers noms : estradiots, argoulets, arquebusiers, etc.,
tandis que la France s'attardait à opérer, de ses propres éléments, une organisation militaire devenue
indispensable. Le maréchal de Brissac, en 1330,
sous Henri II, formait un régiment de dragons
sachant remplir le rôle de cavalier et celui de fantassin : troupe qui lui fut fort utile durant sa guerre
en Italie.

L'application des armes à feu à l'infanterie, puis
le remplacement de la lourde arquebuse, lente à charger, par un fusil plus léger qui, plus tard, fut armé
d'une baïonnette, rendirent de moins en moins redoutable le choc de la cavalerie.

En 1676, la cavalerie légère, ainsi que les dragons
pourvus du mousqueton à baïonnette, les derniers
ayant des outils pour l'exécution de certains travaux,
acquirent une plus grande valeur et furent, parfois,
heureusement opposés aux cuirassiers.

Sous Louis XIV, la cavalerie ainsi complétée ma-
nœuvrait seule, et allait au loin enlever des convois
et jusqu'aux bagages de l'armée de Lorraine. Elle sur-
prenait, grâce à une marche rapide, une place de
guerre, où, remplissant dans les rues le rôle de fantassin, elle forçait la garnison à se rendre.

A la bataille de Gorlitz, les hussards prussiens de
Zetten culbutaient les carabiniers autrichiens.

En 1814, une colonne de cuirassiers allemands prise
de flanc par une division de chasseurs de France,
commandée par le colonel de Foissac-Latour, et tra-
versée à deux reprises, fut mise dans un tel désordre

que cette grosse cavalerie ne put se reconstituer qu'à la fin de la journée.

Un écrivain anglais qui eut un rôle très-actif dans les guerres soutenues par Frédéric II a écrit :

« La cavalerie légère n'attendra pas le choc d'un corps de cuirassiers, elle l'évitera, puis l'entourera, comme un essaim de guêpes, elle le fatiguera jusqu'à ce qu'elle trouve l'occasion favorable de tomber sur lui de toutes parts. »

Il convient d'ajouter à cette phrase, comme complément, pour des lecteurs peu expérimentés, que ces chocs entre cavaliers sont d'autant plus efficaces qu'ils causent un profond désordre dans l'un des corps et l'empêchent de continuer à prêter son concours à une lutte commencée; car il résulte rarement des pertes considérables de ces rencontres, la troupe la plus compromise s'empressant de prendre la fuite.

Le général Loyd dit encore :

« Une cavalerie légère, armée de fusils, détruira les cuirassiers par son feu. »

En 1813, écrit le maréchal de Raguse, « des cuirassiers ne purent enfoncer un carré d'infanterie, et, pour y faire brèche, le général de Latour-Maubourg dut envoyer ses lanciers d'escorte. » Aussi le maréchal se montre-t-il partisan de donner la lance aux cuirassiers. Il oubliait qu'aux siècles précédents on avait enlevé à la gendarmerie la cuirasse ainsi que la lance, pour lui donner l'arquebuse et le pistolet.

Cette insuffisance de la cavalerie, même des cuirassiers, relativement à la puissance du choc, n'a fait qu'augmenter au fur et à mesure de la plus longue portée et de la plus grande justesse du tir, ainsi que l'ont successivement constaté des hommes d'une grande valeur militaire.

Les progrès du tir sont tels aujourd'hui, qu'il faut bien se garder de lancer des cavaliers contre une infanterie non désorganisée, et, par conséquent, de renouveler des charges déjà si rarement heureuses sous le premier Empire, et si désastreuses dans notre dernière guerre.

Exécuter des charges dans de semblables conditions prouverait une profonde ignorance dans le bon emploi de la cavalerie de la part de ceux qui les ordonneraient, et ne produirait encore qu'une grande mortalité sans le moindre résultat avantageux.

La charge fournie en 1854 dans la vallée de Bala- clava contre l'infanterie russe par la magnifique cavalerie anglaise, celles qui eurent lieu par la nôtre, en 1870, à Reischoffen et à Sedan contre l'infanterie prussienne que rien n'avait ébranlée, se sont toutes trois terminées, après des pertes considérables, par des retraites précipitées et dans le plus affreux désordre. L'emploi de la cavalerie est, de nos jours, d'exécuter des reconnaissances éclairant les chefs d'armée sur l'état du pays et la position de l'ennemi ; de couvrir les troupes qu'elle précède de manière à laisser ignorer leurs mouvements à celles qui leur sont opposées ; d'agir comme préliminaires d'une rencontre en occupant des positions d'où les batteries qu'elle protége puissent ouvrir leur feu, avant l'arrivée de l'infanterie.

Quant à son action contre des troupes à pied, elle ne doit avoir lieu que si celles-ci sont en grande infériorité de nombre, ou sont privées, pour une cause quelconque, d'une partie de leur feu.

La cavalerie doit encore empêcher des troupes en désordre de se reconstituer et, dans la poursuite, faire le plus possible de prisonniers.

En résumé, le rôle bien défini et grandement utile de la cavalerie est de dérouter l'ennemi dans ses recherches, de préciser celles qu'il exécute, de l'inquiéter sans cesse et de le harasser, de rompre ses troupes ébranlées et de changer une retraite en déroute.

Ces résultats s'obtiendront mieux avec une cavalerie aux hommes adroits, sveltes, et par conséquent légers, montés sur des chevaux nerveux et rapides, que par des cavaliers grands et robustes, alourdis par une cuirasse et aux chevaux répondant à leur poids, par suite peu propres aux allures vives et prolongées.

Les régiments de cuirassiers sont certainement d'un bel effet dans les revues et à la suite des souverains, mais moins que jamais propres au service spécial d'écraser une infanterie libre de son feu, ayant une arme juste et à jet presque continu, pouvant frapper avec précision à 8 ou 900 mètres, et d'autant mieux durant le reste du trajet que cette cavalerie aurait à parcourir pour l'atteindre.

Les cuirassiers, plus que les cavaliers légers, manœuvrent avec difficulté et lentement dans un terrain aétrempé ou seulement humide, ils sont loin de pouvoir rivaliser avec eux sur un sol accidenté et rocailleux.

C'est, en conséquence, à la cavalerie la moins chargée, la plus apte à supporter longtemps de vives allures, que reviennent, de nos jours, les diverses missions signalées plus haut.

Les cuirassiers sont à supprimer, à moins qu'on ne veuille conserver cette troupe d'élite comme souvenir des services passés et aussi pour en faire la garde d'honneur des présidents de la République. Mais nous serons probablement le dernier peuple à nous débarrasser des cuirassiers, quoiqu'ils coûtent plus cher que les autres corps de cavalerie et quoique l'état de nos finances exige que nous allégions nos dépenses de ce qui n'est pas d'une réelle utilité. Le gouvernement fera, du reste, en résistant le plus possible à l'opinion générale des hommes de guerre, ce qu'ont fait ses devanciers au sujet de la formation, en France, de corps de cavalerie légère et du remplacement de la pique par le fusil à baïonnette, ce qui n'eut lieu que longtemps après l'exemple donné par les peuples voisins.

N'avons-nous pas une preuve récente de cet esprit de résistance de la part de notre gouvernement relativement à l'artillerie prussienne reconnue, bien avant la guerre, supérieure à la nôtre, qui était adoptée par là Belgique et imitée par d'autres nations, lorsque nous nous contentions du matériel employé en 1859, en Italie, et dont l'infériorité nous était rudement prouvée dans nos dernières batailles ?

La mobilité de la cavalerie, reconnue indispensable pour éviter un feu meurtrier, pour courir sus à un ennemi désorganisé, pour exécuter des reconnaissances et pour combattre accidentellement à pied, nécessite un armement capable de répondre aux exigences de l'attaque et de la défense. Il faut au cavalier un fusil très-maniable, facile à charger et ayant une portée égale à celui de l'infanterie pour tenir ses adversaires éloignés, plus le revolver et le sabre pour la lutte corps à corps.

Il faut, enfin, qu'à la façon des dragons du maréchal de Brissac et de la cavalerie de 1696, il puisse, à l'aide d'outils, s'élargir un défilé ou le fortifier, s'établir des rampes pour franchir un fossé ou un cours d'eau, détruire ou reconstituer un chemin de fer et savoir barricader un pont, une maison, ou même un village.

Cette cavalerie exige des qualités hippiques jointes à de la vigueur, plutôt que des hommes de haute taille et d'une structure épaisse.

Les chasseurs et les dragons semblent le mieux répondre aux conditions propres à déterminer ce choix. En les maintenant dans leur désignation différente, c'est plutôt en raison de la diversité de taille des chevaux que par suite d'un service qui serait le même. A cette cavalerie on inculquerait les qualités dont firent preuve des cavaliers du premier Empire qui avaient longtemps opéré dans les Calabres, et celles de nos chasseurs d'Afrique, durant la période incessante de combats contre les Arabes. Nos cavaliers d'alors se montraient plus amis de leurs chevaux que

d'eux-mêmes, toujours prêts à mettre la bride en
main et ne redoutant ni fatigues, ni dangers. Combien de fois avons-nous vu, dans des moments où
notre infanterie avait besoin de se remettre d'une
lutte vigoureusement soutenue, ces escadrons de chasseurs d'Afrique, le sabre ou la carabine au poing, la
figure souriante, se porter en avant pour prendre sa
place au combat et courir sus à l'ennemi !

Ces habiles et énergiques cavaliers, en groupes ou
isolés, poursuivaient, dans les terrains les plus difficiles, des hommes aussi agiles et aussi vigoureux
qu'eux-mêmes, savaient rapidement se laisser glisser
de cheval à terre, atteindre et frapper un adversaire
dissimulé derrière une roche ou une broussaille, retourner à leur fidèle monture, que la bride touchant le
sol a fait rester immobile, pour, avec elle, recommencer une poursuite autant admirée par nos fantassins que redoutée de nos indigènes.

A ces chasseurs d'Afrique, intrépides fantassins par
occasion, courageux, toujours gais, dont les chevaux
étaient parfois employés à porter des vivres à nos
colonnes, à ces cavaliers oubliant de s'installer au
bivouac pour porter de l'eau à une infanterie fatiguée
par la chaleur et une longue marche, nous devions,
dans cet écrit, une marque de bon souvenir.

Les régiments de cavalerie ont été, sans raisons sérieuses, réduits à de trop faibles effectifs et devraient
être au moins de 1,000 à 1,200 chevaux ; ils procureraient alors à leur colonel un plus important commandement. Il en résulterait, ainsi que l'énonce le maré-

chal de Raguse pour les régiments d'infanterie portés à 4 ou 5 bataillons, plus de confiance de la part du chef dans le résultat de ses entreprises et, de la part de la troupe, en raison de l'importance des opérations, une plus grande estime d'elle-même.

Les régiments à 1,200 chevaux ne présenteraient pas plus de difficultés de commandement et d'administration que les 4,000 hommes confiés à un colonel d'infanterie, et beaucoup moins que ce qu'exige un régiment d'artillerie, où celui qui le commande a sous sa responsabilité non-seulement hommes et chevaux, ainsi que tout ce qui leur est nécessaire, mais encore canons, caissons, voitures et munitions diverses.

Les escadrons allemands, de 130 chevaux chaque, n'ont que 5 officiers; et les nôtres, de 110 chevaux, en ont 7, chiffre incontestablement trop élevé.

A l'époque où la cavalerie était irrégulière et incapable de fournir, en dehors des officiers, des hommes aptes à la commander et à l'administrer, on comprend la tendance qui a fait donner à ce cadre de larges proportions; mais notre cavalerie est aujourd'hui disciplinée et manœuvrière, elle possède à la fois des officiers distingués et des sous-officiers intelligents et instruits. On peut donc, sans crainte d'une action moins puissante, réduire le nombre des officiers, en attribuant aux sous-officiers des fonctions plus étendues et contribuant à augmenter leur importance.

Le jeune général Davoust, duc d'Aerstaedt, dans ses réformes à opérer dans l'armée, a écrit :

« Sans nuire au service, on pourrait réduire au

moins, de ses sous-lieutenants, un sur trois par escadron, cette seule suppression pour 474 escadrons faisant une économie de 895,860 francs. »

L'exagération du cadre actuel des officiers d'escadron est signalée par bien d'autres militaires compétents.

Il nous semble qu'une réduction plus radicale que
celle proposée par le général Davoust pourrait avoir
lieu sans préjudice pour le service, les sous-officiers
étant spécialement chargés de bien des détails. Nous
voudrions que l'escadron fût la représentation de plusieurs compagnies, comme l'est le bataillon d'infanterie, et ainsi que cela existait autrefois dans la cavalerie.

L'escadron actuel de 110 chevaux formerait une
compagnie, 3 de ces compagnies d'un effectif de 330
chevaux composeraient l'escadron. On aurait ainsi les
capitaines commandant telle ou telle compagnie de
cavalerie et non plus un capitaine commandant l'escadron et un chef d'escadron commandant un ou deux
escadrons, les emplois n'en seraient que mieux dé-
finis.

L'avantage de l'escadron formé de 3 compagnies
est qu'il constituerait une unité déjà capable, sous les
ordres d'un officier supérieur, d'agir seule pour bien
des opérations ; de plus, ce fractionnement en trois
groupes porterait peut-être les officiers commandants
à utiliser une de ces fractions comme réserve, moyen
d'action un peu trop oublié dans notre dernière guerre.

Un chef d'escadron intelligent saurait, en envoyant

deux de ses compagnies en reconnaissance ou en tirailleurs, conserver la troisième à sa disposition, pour
parer aux accidents résultant d'une rencontre et pour
offrir un point assez rapproché afin de faciliter d'autres opérations. Si nous insistons sur cette ressource,
c'est que notre conviction est, qu'entre deux troupes
aux prises, la victoire est presque toujours à celle
qui, la dernière, dispose de ses réserves. A Magenta,
nous dûmes à un régiment maintenu en réserve et
dont les bataillons n'étaient que successivement en-
gagés, de faire, à plusieurs reprises, reporter en avant
des troupes fatiguées et battant en retraite, et de résister à des forces bien supérieures, jusqu'à l'arrivée de divisions qui accouraient pour nous venir en
aide.

L'escadron à 3 compagnies, comme le bataillon
à 4 ou 5, doit éviter, dans des engagements où il est
isolé, de disposer de l'ensemble de sa troupe, à moins
d'une nécessité extrême.

Le régiment de cavalerie ou celui d'infanterie, d'a-
près ce principe, aurait à éviter un engagement général, en conservant une fraction assez considérable
pour parer à un événement de médiocre importance
peut-être, mais qui, dans un moment de lutte, change
parfois un succès en revers.

Une brigade, une division, un corps d'armée, une
armée doivent avoir des réserves proportionnées à
leur effectif, ce qui a manqué surtout à l'une de nos
batailles.

Un régiment de cavalerie de 4 escadrons, à 330

chevaux chaque, aurait un effectif de 1,320 chevaux qui, en raison des animaux malades ou employés à des services spéciaux, présenterait en ligne 1,200 chevaux au maximum.

Ce régiment suffisant pour une division et même pour une force plus considérable, commandé par un colonel, dispenserait d'adjoindre aux généraux divisionnaires des généraux de brigade de cavalerie.

La cavalerie de réserve seule aurait besoin d'avoir, pour la commander, ses généraux, à la condition de trouver en eux non-seulement des hommes d'expérience, mais d'une activité juvénile, assurant en eux à la fois une prompte décision et une participation personnelle à des mouvements demandant une rapide exécution.

Le général de cavalerie trop âgé ou ayant perdu une grande habitude du cheval, à moins d'être un homme supérieur, est rarement apte à remplir de telles conditions. Murat, Excelmans, ainsi que d'autres généraux de cavalerie du premier Empire, étaient jeunes lorsqu'ils acquirent leur célébrité.

L'officier caduc, en montant sur son cheval, quel qu'ait été son mérite, sera, le plus souvent, un médiocre commandant de cavalerie, et s'il peut répondre, par ses connaissances militaires, à d'autres besoins, on devra l'y employer. Il serait préférable de choisir un général d'un autre corps, d'une activité bien connue, solide cavalier et ayant fait une consciencieuse étude des divers services de notre cavalerie, pour lui en donner le commandement, ce général dût-il sortir de l'infanterie.

Du reste, pour nous, le titre ou emploi de général ne doit plus être délivré qu'à des officiers reconnus capables de faire un bon usage de toutes les armes.

CHAPITRE XI

A l'époque où leur domination s'étendait sur les peuples connus des trois continents, les Romains firent usage de machines de guerre pour concourir aux opérations de leurs nombreuses armées. Les balistes, les catapultes et autres engins, lançant des flèches et des pierres à de grandes distances, se multiplièrent plus tard en d'autant plus grand nombre que les légions perdirent de leurs qualités militaires.

Il en a été ainsi chez les peuples modernes, qui ont également cherché à suppléer à la faiblesse de leurs troupes dans les batailles par l'emploi de plus en plus considérable du canon.

Frédéric II prodiguait l'artillerie dans ses dernières guerres, les précédentes ayant fait disparaître les soldats que son père et lui avaient formés avec tant de soin. Il sut faire alléger les pièces et les affûts et obtint des résultats, comme mobilité et comme tir, qui lui assurèrent la supériorité sur l'artillerie des nations en-

nemies alors, qui étaient la France, l'Autriche et la
Russie. Il créa une artillerie à cheval que nous n'imitâ-
mes que fort tard, c'est-à-dire après les autres peuples.

Napoléon I⁰ʳ, vers la moitié de son règne, ne trouvant point dans de nouveaux contingents, les rudes
soldats, produits de la République et des premiers
jours de l'Empire, augmentait successivement son artillerie et revenait à un principe pris, abandonné et
repris, celui de donner des canons aux bataillons
d'infanterie. Ce moyen d'action avait été cependant,
chaque fois, reconnu d'un médiocre effet et ayant de
graves inconvénients : ceux de retarder trop souvent
la marche des gens de pied, de diminuer leur confiance lorsqu'ils en étaient privés, de considérer leur
artillerie comme un palladium à conserver à tout prix,
lorsque les circonstances exigeaient de s'en débarrasser.

PREMIÈRES BOUCHES A FEU.

L'invention des premières bouches à feu, à l'une des
époques les plus troublées de notre société moderne,
amena la bourgeoisie à faire confectionner de ces engins en grand nombre, de formes et de dimensions diverses, afin d'en mieux défendre ses villes.

L'Italie, divisée en petits États rivaux, donna particulièrement une grande impulsion à toutes les bran-

ches d'industrie contribuant à les pourvoir d'armes de
jet supérieur à celles de leurs voisins.

En France, les villes suivirent cet exemple, et, en
1850, le prévôt des marchands, Marcel, couvrait les
remparts de Paris de toutes sortes de canons.

Des corporations de canonniers se formèrent ayant
à leur tête des maîtres ès arts, qui n'admettaient dans
leur société que des hommes aux aptitudes ou au savoir susceptibles de concourir à l'œuvre nouvelle. Ce
sont les villes qui, les premières, donnèrent des unifor-
mes à leurs canonniers et en firent des hommes soumis
à une discipline, ce qui fut, en grande partie, une des
causes d'organisation régulière des autres troupes.

Ces canonniers, composés de citoyens de tous les
métiers, car la noblesse dédaignait alors ce genre de
service, étaient, outre leur emploi spécial, chargés de
la construction des ponts facilitant le passage des
rivières à leurs chariots, et par conséquent aux contingents armés.

ORGANISATION ROYALE DE L'ARTILLERIE.

Les souverains, au fur et à mesure de l'importance
acquise par l'artillerie, en formèrent une entièrement
sous leur dépendance et appelèrent à sa direction les
hommes les plus compétents.

Louis XI, ce grand homme d'État, contribuait beaucoup à cette première organisation. François Ier et

ses successeurs limitaient les formes et les dimensions des pièces à employer dans les armées, ils y mettaient un ordre que ne pouvaient établir des efforts individuels, où chaque ingénieur d'une cité cherchait à se singulariser.

Henri IV renforçait les compagnies de citoyens canonniers des places de guerre, en y adjoignant des soldats ayant des aptitudes reconnues et qu'il autorisait à s'y considérer comme à résidence fixe.

Mais l'artillerie ne devint une arme entièrement à la discrétion du pouvoir et tout à fait réglementée que sous Louis XIV. C'est alors que furent créés des régiments d'artillerie à pied, qui ne se modifièrent que lentement, et en bien faible partie, en artillerie à cheval.

SYSTÈME GRIBEAUVAL.

Gribeauval, un des grands réformateurs de notre artillerie, ne vit ses mérites appréciés en France qu'après en avoir obtenu la consécration en Autriche, où il arriva aux premiers honneurs militaires. Rentré dans sa patrie, on daigna enfin écouter ses avis. Il faisait augmenter grandement le nombre des canonniers et adopter le principe d'adjoindre de l'artillerie aux corps d'infanterie.

« C'était, dit le général Susanne, après la guerre, quand la paix était assurée, une augmentation de 42 pour 100, au delà des ressources préparées avant la guerre. C'était bien, mais il était un peu tard. »

On dut à cet habile et savant artilleur d'heureuses modifications dans les bouches à feu, dans le transport et l'emploi des munitions, qui firent fonctionner l'artillerie dite Gribeauval durant plus de 60 années sans changement de quelque importance.

NOUVELLES MODIFICATIONS.

Les guerres de l'Empire, contre toutes les puissances de l'Europe, permirent de mieux apprécier ce qu'avaient d'avantageux certains points de leur artillerie et déterminèrent, chez nous, plusieurs perfectionnements dans l'emploi des poudres et du matériel ; artilleurs, pontonniers et train concoururent mieux aux solutions à obtenir.

L'invasion, en 1815, forçant la France à déposer les armes, amenait des hommes de science et d'une grande expérience à tenter, par leurs écrits et leurs travaux, de rendre l'artillerie supérieure à ce qu'elle avait été dans nos longues et glorieuses luttes.

Un de nos illustres guerriers, le duc de Raguse, général d'artillerie et l'un des maréchaux les plus capables, écrivait : « L'artillerie la plus simple est la meilleure, si une même voiture peut suffire, ce serait la perfection. L'artillerie de campagne doit pouvoir parcourir ou franchir tous les chemins ou terrains sur lesquels passent les troupes.

« Le premier mérite de l'artillerie, après la bravoure des canonniers et la justesse du tir, c'est la mobilité. »

RÉSISTANCE AU SUJET DES RÉFORMES.

Ces principes, sanctionnés par beaucoup d'hommes de guerre, firent aboutir quelques améliorations reconnues indispensables ; mais les changements n'eurent lieu que par l'adoption de demi-mesures, et encore, sous prétexte d'économies, revenait-on parfois aux habitudes consacrées par le temps, toujours d'une grande influence sur ceux qui gouvernent. Ils étaient, du reste, presque certains d'y être encouragés par les représentants de la nation, qui, dans leur ensemble, en raison de leur ignorance des choses de la guerre, n'ont cessé de se montrer plus favorables au *statu quo* qu'à des applications nouvelles.

Un des exemples les plus funestes de cette disposition est le vote presque unanime des deux Chambres, en 1855, en faveur d'une loi exonérant du service militaire les classes instruites, énergiques et actives, pouvant se procurer des remplaçants. Ce changement radical du recrutement de l'armée ne la composait plus que d'hommes des classes les plus pauvres et les plus ignorantes, ne sachant pas, pour la plupart, les sacrifices que doivent imposer les mots : Honneur et Patrie.

Nous protestâmes , en 1856, à notre retour de Crimée, contre un système faisant reposer la défense du pays sur le contingent offrant le moins de garanties et désintéressant le reste de la société des luttes à venir. Le ministre de la guerre d'alors nous répondit, comme le fait celui de nos jours à l'égard d'officiers en activité de service, que nous n'avions pas le droit de nous élever publiquement contre une loi vue favorablement par le chef de l'État et grandement sanctionnée par les autres pouvoirs ; que l'expérience seule déciderait de son efficacité ou de ses inconvénients.

Cette expérience était faite en 1870 et était pour beaucoup dans les causes de nos désastres.

L'artillerie à pied conserva longtemps sa suprématie du nombre, reposant sur d'anciens services rendus dans les siéges, et comme propre à satisfaire plus économiquement aux besoins de l'infanterie ; cependant on parvint peu à peu à la remplacer, dans des limites trop restreintes, par de l'artillerie montée, ainsi que par de l'artillerie à cheval, spécialement affectée à la cavalerie. En 1853, une amélioration réelle avait lieu , celle comportant pour le canon l'emploi de tous les projectiles en usage.

C'est ainsi que notre artillerie améliorée satisfît aux exigences des guerres de Crimée et d'Italie.

AVANTAGE D'UNE BONNE INFANTERIE.

Nos fantassins d'alors étaient si familiarisés aux feux d'artillerie qu'ils jugeaient des coups allant à leur adresse et parvenaient souvent à en éviter les fâcheuses conséquences. Ils savaient se défiler, se placer en ordre mince, se coucher à propos pour être moins en prise aux éclats des projectiles creux. A la bataille défensive de la Chernaïa, nos troupes agissaient ainsi et se relevaient pour courir à l'infanterie russe qui, croyant le terrain suffisamment labouré par sa nombreuse artillerie, arrivait pour en compléter les effets. A Sedan, les fractions du 5e corps laissées en réserve supportaient, grâce aux mêmes précautions, une pluie de projectiles venant de tous les points d'une circonférence, et cette troupe peu éprouvée répondait à l'appel de ses généraux la dirigeant, vers 3 heures de l'après-midi, sur des positions abandonnées et qu'il fallait reprendre.

Mais cette manière de rendre moins meurtriers les feux d'un ennemi n'est pas à établir comme règle pour de jeunes troupes, il vaut mieux trouver des mouvements de terrain les abritant, quitte à ne pas tenir compte des lignes régulières adoptées dans les manœuvres des camps.

Notre artillerie, en 1859, s'était montrée supérieure à celle des Autrichiens, mais nos succès nous empêchèrent de bien nous rendre compte que notre boulet oblong pourvu de mèches graduées, déterminant des écla-

tements à diverses distances d'une façon régulière
dans nos polygones, opérait avec la plus grande irré-
gularité en campagne.

Des généraux autrichiens, après la bataille de Solfé-
rino, nous racontaient que, durant, la retraite de leurs
troupes sur le Mincio, elles furent un instant décon-
certées à la vue de la longue portée de nos obus, mais
qu'elles revinrent vite de leur inquiétude, les projectiles éclatant en l'air et leur faisant fort peu de mal.

Le temps qui s'écoula depuis cette campagne fut
employé par la Prusse à se créer une artillerie supérieure à la nôtre, ce qui nous préoccupa si peu qu'un
général belge ayant consulté notre ministre de la
guerre, au sujet du changement que leur petit Etat
voulait apporter à son artillerie, celui-ci conseilla d'a-
dopter le système français. « Nous eûmes le bon esprit de n'en rien faire, ajoutait le général belge ; malgré l'autorité de votre ministre, fort apprécié par
vos artilleurs, nous adoptâmes l'artillerie prussienne,
et vos revers sont venus confirmer la bonté de notre
détermination. »

L'artillerie française péchait plus par ses projectiles que par la qualité des pièces, et nos obus, au
lieu de produire leur effet à toutes les distances, écla-
taient généralement à 7 ou 800 mètres et parfois sur le
front de nos troupes, suivant l'ébranlement des fusées ou le tassement des poudres produits par un
transport de plus ou moins longue durée.

Les batteries prussiennes, nullement impressionnées
par nos projectiles ne venant pas jusqu'à elles, ti-

raient avec autant de sécurité que dans un polygone ; elles rectifiaient leurs coups sans autre préoccupation que celle d'atteindre le but visé, résultat qu'elles obtenaient assez vite, leurs obus éclatant en frappant le sol ou les parois de nos pièces.

Le moyen unique de diminuer ce désavantage était de raccourcir les distances en se portant, troupes et pièces, en avant, ce qui était difficilement réalisable dans une bataille défensive et avec des effectifs inférieurs à ceux de nos ennemis.

RECONSTITUTION DE L'ARTILLERIE.

Nos récents désastres nous portent peut-être aujourd'hui à donner une trop grande extension aux moyens propres à assurer notre défense, ce qu'il convient d'éviter, et particulièrement en ce qui concerne l'artillerie. Nous devons surtout, dans la reconstitution de cette arme, éviter d'en exagérer les proportions et bien nous garder de conserver ce qui n'est pas d'une utilité réelle, de manière à ce qu'une trop lourde charge à notre budget ne vienne pas encore, dans une période de paix, nous porter à réduire et même à supprimer certaines parties actives de ce corps.

Les changements survenus à diverses époques, et qui avaient pour causes des économies à réaliser, n'eurent toujours que des résultats malencontreux.

Il faut donc, en assurant ce qui est indispensable

pour les combats, savoir élaguer beaucoup de choses de détail, ainsi que des emplois hors cadre, trop nombreux, et enfin tout ce qui peut rapidement se former au moment d'une guerre.

De nouveaux perfectionnements nous procurent actuellement un tir suffisamment exact à 2,000 ou 3,000 mètres ; le système percutant ayant remplacé celui des fusées assure l'éclatement des projectiles ayant atteint le but visé ; le chargement par la culasse réalise un tir rapidement renouvelé : il ne nous reste plus qu'à nous procurer une grande mobilité et de bons canonniers.

L'artillerie, ne se laissant dépasser en supériorité de tir par aucune autre, sera, avec l'infanterie bien exercée, les deux éléments les plus actifs dans le sort des batailles. Mais l'artillerie, en dehors des grandes luttes, a en outre son utilité dans les avant-gardes , les retraites et les poursuites.

Elle a encore à précéder son infanterie sur des positions à occuper et d'où elle écarterait par ses feux les colonnes ennemies en marche pour s'en emparer. A cette artillerie, dont le rôle s'est de plus en plus étendu, et qui, aujourd'hui, acquiert une si grande importance dans tous les actes de la guerre, il convient de procurer une mobilité plus complète que celle qui lui est attribuée.

ARTILLERIE A CHEVAL ET A PIED.

Nous pensons, en conséquence, qu'en campagne il
ne doit plus y avoir pour cette arme qu'une seule organisation, celle de l'artillerie à cheval.

L'artillerie montée serait reléguée dans le passé, et
l'artillerie à pied, à un faible effectif, confinée dans les
places fortes pour les. défendre ou pour servir à de
rares siéges qu'une invasion d'un ou de deux millions
d'hommes croirait devoir entreprendre avant d'avoir
défait les armées ennemies et obtenu la soumission
entière de contrées réduites à l'impuissance.

Le régiment d'artillerie à cheval serait la base de
cette arme ; c'est de ce corps que sortiraient les canonniers sédentaires formés, en nombre restreint, par
compagnies ou bataillons suivant l'importance des
places fortifiées. Ces hommes, après avoir passé un
temps déterminé dans l'armée active, auraient le droit
d'attendre dans leur nouvelle position les 25 années
de services leur assurant, sous-officiers et soldats,
une retraite d'autant plus considérable qu'il y aurait
peu de militaires admis à cette faveur.

Les quelques compagnies nécessaires au génie pour
la défense ou l'attaque des places et les artilleurs auraient à peu près seuls ce privilége, prolongeant la carrière d'hommes aux aptitudes et à l'expérience reconnues.

Ces troupes serviraient d'école à certaines fractions de réservistes qui, par leurs spécialités, pour-

raient fournir des hommes aux services secondaires
qui ne seraient à former ou à compléter qu'au moment
d'une prise d'armes. C'est dans les places de guerre
que s'exerceraient les artilleurs des corps régionnaires
et les militaires capables d'être utilisés au même
service. L'assurance d'un séjour continu ne pouvant
être troublé que par la guerre, la possibilité d'avoir
une bonne retraite permettraient certainement aux régiments d'artillerie à cheval de conserver un assez
grand nombre de canonniers, durant une période suffisante pour servir de modèle aux jeunes hommes et
garantir le bon emploi des pièces.

L'organisation des troupes sédentaires, se chargeant
de tous les travaux accessoires de leur arme, ne ferait
plus distraire de leur service spécial les officiers et
soldats des régiments d'artillerie, qui, dans le va-et-
vient auquel ils sont soumis, acquièrent rarement les
qualités assurant le progrès dans les armes, les poudres et le matériel, et qui sont trop détournés de leur
métier d'artilleurs.

Les officiers prussiens (artilleurs), moins prodigués
à des devoirs divers, passent pour moins instruits que
les nôtres, mais comme étant de meilleurs canonniers ;
et la précision de leur tir durant notre dernière
guerre n'a pas peu contribué à leur confirmer ce
mérite.

L'artillerie à cheval, se servant de pièces de 7 d'un
effet assez puissant, doit permettre de ne plus traî-
ner à la suite des armées des pièces de 12, dites de
position, qui n'offrent pas d'assez grands avantages

pour qu'on ne tienne pas compte de leur peu de mobilité sur tous les terrains.

Les pièces de 7, envoyant leurs projectiles à 2, 3 et 4,000 mètres, nous semblent résoudre aujourd'hui l'effet à atteindre. Il est vrai que les pièces de 12 portent à 6,000, à 8,000 mètres et même au delà ; mais, à de si grandes distances, n'est-il pas facile à des troupes de se défiler, si elles sont en prise à des projectiles ?

L'artillerie , pour être d'une façon plus complète sous l'action de ses officiers, ne devrait être composée que de batteries de 4 pièces au lieu de 6, ces dernières présentant pour le commandement de 3 officiers un matériel trop considérable.

MITRAILLEUSES.

Quatre batteries, à 4 pièces, formeraient le commandement d'un chef d'escadron. Nous ne croyons pas devoir indiquer ici le nombre de batteries d'un régiment, mais nous voudrions y voir annexer 4 batteries de mitrailleuses, cette fraction restant en réserve près des généraux divisionnaires pour leur permettre d'en user au moment où des troupes auraient à attaquer ou à opposer une sérieuse résistance à une force ennemie.

Cet engin, d'un poids moindre que la pièce d'artillerie de montagne, pourrait y suppléer dans des pays accidentés.

Il serait encore possible de lui substituer des batteries de fusées, si l'on parvenait à en obtenir un tir régulier.

FUSÉES.

Nous partageons au sujet des fusées, qui peuvent frapper à toutes les distances, l'opinion du maréchal de Raguse qui déclarait que c'est une arme que nous négligeons trop et qui contribuera beaucoup, un jour, aux succès des armées qui sauront le mieux en faire usage.

Le maréchal a écrit : « Les fusées à la Congrève remplaceront avantageusement les pièces de montagne. »

Il voudrait qu'elles fussent confiées à l'infanterie, ce que nous n'admettons pas ; nous voulons pour cette arme, comme pour celles à longue portée, des hommes spéciaux qu'une étude constante des fusées rende des plus habiles dans leur emploi et qui soient, en même temps, dans des conditions à pouvoir les porter rapidement d'un point à un autre. Le maréchal ajoute : « que cent chevalets déploieraient un feu dont on se fait à peine l'idée. »

Le duc de Raguse trouve qu'en France « on agit longtemps par routine, sans se préoccuper des modifications et améliorations possibles ; que l'on n'y saura qu'à la longue apprécier la puissance des fusées à la Congrève. »

Nous avons vu et même éprouvé l'effet de ces fusées :

En Afrique, dans une de nos expéditions, on cherchait à éloigner à coups de canon de nombreux contingents arabes embusqués et disposés à nous disputer
une route que nous avions à parcourir : les boulets
d'alors ne les effrayèrent point; on fit usage de fusées:
l'une rasa notre front de bandière, qu'on n'avait point
heureusement laissé se garnir de soldats, mais d'autres prirent la direction voulue et causèrent une telle
panique à nos ennemis qu'ils s'enfuirent au plus vite.

Nous usâmes aussi de fusées au siége de Sébastopol
et pour de longues distances, mais sans avoir pu nous
rendre compte de leur efficacité.

A Magenta, les Autrichiens ayant vu, par nos premiers
mouvements, que nous allions attaquer une redoute
adossée au Naviglio-Grande et que traversait le chemin
de fer, y mirent en batterie de nombreuses fusées.

Deux bataillons de grenadiers de la garde, arrivés
à environ 800 mètres, voyaient tomber, sous une pluie
de feu, plus de 300 des leurs, tués ou presque tous
grièvement blessés ; nous reçûmes là, pour notre
compte, un éclat d'obus qui nous déchira une joue.

Nos vieux soldats de Crimée, sous ce coup imprévu
et si brutal, eurent un moment d'hésitation qui fut
promptement comprimé par la présence, au milieu
d'eux, de leur général blessé leur criant en avant et
leur montrant le chemin.

Cette troupe si brave aurait été probablement arrêtée dans sa marche si d'autres décharges avaient

succédé à la première, et il aurait pu en résulter une sérieuse difficulté pour l'accomplissement de la glorieuse journée de Magenta.

Nous sommes donc pour que notre dédain cesse au sujet du fonctionnement de cette arme déjà si bien employée à courte distance par les Autrichiens, et qui atteindra certainement un jour à la plus grande portée de nos canons et avec non moins de précision.

PONTONNIERS.

On a sagement fait en attachant à l'artillerie le corps des pontonniers, mais il ne faut pas qu'ils y restent incorporés comme régiments ou bataillons à pied.

S'il est nécessaire d'avoir une artillerie mobile, il l'est autant de posséder une troupe sachant assurer presque instantanément, par les plus prompts procédés, le passage des cours d'eaux.

Les pontonniers devraient former un escadron de chaque régiment d'artillerie et être exercés non-seulement à l'emploi de bateaux, mais encore à utiliser tous les engins, anciens et modernes, qui ont été ou qui sont employés; les artilleurs étant préparés à leur servir d'auxiliaires.

Cet escadron de pontonniers aurait tous ses hommes à cheval et pourvus d'un matériel assez fractionné pour être placé sur des voitures aussi faciles à mouvoir que les pièces et caissons d'artillerie.

8,

Les régiments d'artillerie ayant dans toutes leurs parties, canonniers, conducteurs, pontonniers et train, des hommes d'une instruction générale leur permettant de créer des ouvrages de campagne, d'établir des passerelles ou des ponts, de servir des pièces, résumeraient en eux les forces intelligentes et vives d'une armée.

Les autres troupes, pourvues d'une artillerie ainsi composée, n'auront plus à attendre la lente arrivée de pontonniers fantassins; elles en verront leurs opérations facilitées, les ponts de l'artillerie pouvant également servir à l'infanterie et à la cavalerie.

Ces deux derniers corps n'en seraient pas moins préparés à parer à certaines difficultés susceptibles d'entraver leur marche et à savoir se créer des moyens d'attaque et de résistance.

L'armée pour nous est une vaste ruche où, par un travail incessant, chaque membre de la famille militaire apprend non-seulement un service spécial, mais encore se pénètre de tout ce qui peut aider à l'œuvre générale : l'artilleur sachant concourir au service des pontonniers ; le fantassin se transformant au besoin en artilleur, ainsi que nous en avons vu au siége de Sébastopol ; le cavalier devenant momentanément habile fantassin.

En temps de paix les régiments d'artillerie auraient, dans des résidences fixes, leur polygone et tous les moyens d'instruction et d'action, par conséquent leur complet en matériel, canons, caissons, voitures et munitions ; ils en auraient la garde et devraient pouvoir s'en servir au premier ordre.

Il en serait ainsi pour toutes les troupes même régionales : on répartirait par circonscriptions militaires arsenaux, voitures, pontons, outils, magasins d'effets d'habillement et d'armement, dans de telles conditions que les appelés sous le drapeau puissent être immédiatement transformés en soldats et en mesure de se rendre, sans retard, à leurs corps.

Enfin l'artillerie sédentaire, composée d'hommes ayant fait leurs preuves dans l'artillerie à cheval, assurerait aux places des défenseurs capables, qui en connaîtraient, par suite d'un séjour continu, le fort et le faible, et de plus initiés à tout ce qui contribuerait à en prolonger la résistance. Les chefs et les soldats sauraient ce qu'il leur faut en matériel et en poudre, voire même en provisions de bouche, et n'hésiteraient point à réclamer ce qu'ils croiraient indispensable pour leur permettre de remplir honorablement leur devoir. Il n'y aurait plus ainsi de ces déceptions qui nous ont si grandement surpris et qui ont déterminé de tristes défaillances.

RÉFORMES.

Une réforme importante est à opérer dans l'emploi de l'artillerie : c'est de lui enlever presque entièrement la confection des armes et des munitions, pour en charger l'industrie privée.

Il en résultera de grosses économies : celle de la

suppression d'établissements militaires que remplaceront avec avantage ceux si grandement développés pour les besoins civils, et la diminution considérable d'officiers et soldats mis hors des cadres de l'armée.

Il est évident, aujourd'hui, que nos grands établissements métallurgiques n'ont rien à envier à la main militaire et que l'emploi qu'ils ont à faire de toutes les matières et dans de vastes proportions leur donne une supériorité incontestable.

Nous agirons donc sagement et économiquement en demandant aux usines civiles ce qu'elles confectionnaient à des époques éloignées et lorsqu'elles savaient moins bien ce qui concerne la fusion et le mélange des métaux.

C'est peut-être avec raison qu'autrefois, pour discipliner les opérations relatives à de nouveaux engins, le fusil et le canon, on a cru devoir circonscrire ces sortes de travaux dans divers centres et sous l'inspection d'hommes éprouvés et spéciaux. Nous n'en voyons pas moins les réformateurs d'alors laisser à l'industrie privée la mission de fournir les boulets et les armes blanches.

La puissance industrielle a pris une telle extension depuis soixante ans, qu'il n'y a plus à hésiter à lui confier, sous le contrôle de nos ingénieurs, l'armement de nos troupes et de nos forterésses.

Si, dans nos derniers temps de paix, nous n'avions pas autant négligé l'emploi de l'industrie civile, elle ne nous aurait pas fait défaut en 1870 et 1871, où, mal outillée, n'ayant point d'ouvriers façonnés aux travaux

de guerre, elle n'a pu renouveler assez vite nos armements insuffisants, ou perdus lors de nos premiers
revers.

Nous dûmes nous adresser à l'étranger, qui ne nous
fournit que des rebuts et à des prix onéreux.

Le siége de Paris nous a appris ce que nous devions espérer de la main civile; ne l'oublions pas, car
il y a là une force considérable à utiliser.

La capitale assiégée trouvait dans les ingénieurs
civils des hommes capables d'exercer un commandement et, de plus, aptes à nous livrer des canons par des
procédés meilleurs et plus rapides que ceux en usage
dans nos fonderies.

C'est à ces hommes, habitués à manier le fer, l'acier
et le bronze, disposés à des sacrifices pour répondre
dignement aux demandes d'un gouvernement, qu'il
faut dorénavant nous adresser.

Ils sauront, rivalisant entre eux, perfectionner notre
outillage, trouver un forage plus exact et plus rapide;
ils n'exigeront rien de notre budget pour leurs
épreuves et leurs modèles.

A la concurrence entre puissantes maisons, nous
devrons, entre autres, des améliorations dans les
armes, dans les caissons et les voitures; progrès qui
ne surgissent que trop lentement chez des officiers qui,
en raison de leur mobilité, malgré tout leur mérite, ne
peuvent que rarement se consacrer d'une manière
suivie à ce genre de travaux. Il y a de plus, chez
les ingénieurs civils, un stimulant : celui de procurer
aux établissements qu'ils dirigent des commandes qui

valent des millions, ce dont ils sont amplement récompensés.

« Mettez-nous sérieusement à l'œuvre, me disait un chef d'un de nos grands établissements métallurgiques, nous nous outillerons en conséquence. En France, nous sommes dix à douze maisons qui pourront vous livrer, au besoin, 1,000 canons en moins de trois semaines. » Nous réfléchissions, après avoir entendu ces paroles et passé en revue machines et ouvriers, combien de riches et industrieux établissements comme celui qui était sous nos yeux, rendraient facile et immédiate la transformation d'un matériel qui, par suite de nouvelles inventions, serait susceptible de mieux nous aider dans nos luttes à venir.

Mais il y a trop d'intéressés pour qu'il en soit ainsi : car c'est toute une révolution renversant de vieux procédés et faisant disparaître un assez grand nombre d'emplois ; il nous faudra peut-être traverser de nouvelles et dures épreuves, avant de confier à l'industrie et au commerce la mission de préparer, de garder et de livrer à nos armées tout ce dont elles ont besoin, aux lieu et place d'une nuée de fonctionnaires militaires.

Nous avons signalé, dans un précédent article, le luxe du personnel hors cadre du corps du génie ; la même critique s'applique à l'artillerie, et nous ne pouvons mieux faire, pour en convaincre nos lecteurs, que de mettre sous leurs yeux ce que nous écrivait, en 1874, un homme très-compétent :

« Enfin, l'*Annuaire* de 1874 constate que :

« 80 colonels,

« 40 lieutenants-colonels, ·

« 94 chefs d'escadrons,

ne comptent dans aucun régiment et par conséquent font partie de l'état-major particulier de l'artillerie. Jusqu'à présent les écoles d'artillerie (il y en avait 19 avant la guerre, il y en a actuellement 20, plus une école de pyrotechnie) ont été dirigées par un lieutenant-colonel qui était en même temps chef d'état-major du général commandant la circonscription d'artillerie. Mais un décret du 4 décembre dernier a décidé que ces écoles seront à l'avenir placées sous la direction d'un colonel, d'où il suit que dans peu il y aura 51 colonels en plus de ceux commandant les régiments. Ce choix d'un colonel pour commander chaque école n'a eu évidemment d'autre but que de créer de nouveaux colonels, et d'autre résultat que d'augmenter, *comme à plaisir, nos dépenses.*

« Le personnel enseignant de ces établissements est très-restreint; il ne se compose que de deux professeurs :

« 1° Pour les sciences appliquées ;

« 2° Pour les fortifications et les constructions.

« Des cours sont faits au plus deux fois par semaine:

« 1° Aux lieutenants (les capitaines n'y assistent pas);

« 2° Aux sous-officiers.

« Il s'agit donc de surveiller deux professeurs civils, soit du grade de capitaine, rien de plus.....

« D'autre part, les colonels des régiments étant seuls responsables de l'instruction théorique et pratique des officiers, sous-officiers et soldats sous leurs ordres, les directeurs des écoles n'ont donc pas à s'en occuper et restent simplement chargés de surveiller ou diriger les cours de *deux ou trois professeurs.*

« Comme le génie, l'artillerie a aussi des colonels-directeurs ; ils sont au nombre de 22 (il y en avait 21 avant la guerre) ; sur ce nombre, plusieurs ont un lieutenant-colonel pour adjoint, plus des capitaines, des gardes : ce sont de véritables sinécures.

« Comme l'autorité du général commandant la brigade d'artillerie s'étend sur toute l'arme dans le corps d'armée, ne devrait-on pas supprimer ces 22 directeurs, j'allais dire ces 22 rentiers, de sorte que le général de brigade correspondrait directement avec les commandants d'artillerie de la circonscription ?

« Ce coûteux état-major de l'artillerie a sous ses ordres un personnel aussi nombreux que celui du génie ; ainsi, d'après l'*Annuaire*, il y a 593 gardes ou contrôleurs d'armes, sans compter les gardiens de batteries.

« Quelle que soit l'importance de l'artillerie, le ministre de la guerre ne prouvera jamais qu'en plus des officiers supérieurs des 39 régiments d'artillerie, il faille encore :

« 51 colonels ;

« 43 lieutenants-colonels ;

« 101 chefs d'escadrons.

« On sait que les états-majors des diverses armes, celui de l'infanterie excepté, sont beaucoup trop nombreux, qu'ils absorbent une portion notable du budget de la guerre, et que, le reste des fonds étant insuffisant, l'effectif des troupes entretenues est on ne peut plus réduit et les effets de la loi de recrutement deviennent alors presque nuls. »

Est-il nécessaire, après cet exposé, d'ajouter que les corps chargés de services spéciaux en ont abusé dans le but d'assurer à leurs membres le plus rapide et le plus considérable avancement, ainsi qu'à leur procurer de véritables sinécures ? Si un certain nombre de places occupées sont modestes et que des officiers se résignent à y rester, c'est que, le plus souvent, elles leur permettent de se consacrer sans embarras à leur famille et parfois à l'administration de leurs propriétés.

Le comité d'artillerie, constamment excité à favoriser son arme, obtenait successivement, grâce à son influence sur divers ministres, des positions nouvelles et des emplois plus importants pour satisfaire des besoins d'avancement et non dans un but réel d'utilité.

C'est dans ces situations, multipliées outre mesure dans tous les services spéciaux, qu'il convient de porter la coignée et ne plus, par exemple, conserver des colonels directeurs d'écoles n'ayant que 2 ou 3 professeurs.

Le colonel d'un régiment d'artillerie est responsable de la bonne instruction théorique et pratique de

ses officiers, sous-officiers et soldats ; n'est-il pas
ridicule de lui enlever la direction de leur instruction spéciale ? Mais il fallait de nouvelles places pour
les grades supérieurs, et ce double et inutile emploi
était créé. Les colonels des corps de la ligne ont tout
ce qui concerne leur personnel sous leur surveillance,
et ils n'en ont que plus d'aptitude pour se rendre
compte des mérites de chacun dans les travaux qui
lui sont imposés.

Si l'industrie et le commerce ont, comme nous l'espérons, presque entièrement la mission de satisfaire à
tous les besoins de l'armée, on ne tardera pas à reconnaître combien nous avons prodigué de rouages
qui seront à diminuer ou à supprimer dans nos administrations, comme dans l'état-major particulier de
l'artillerie.

CHAPITRE XII

CORPS RÉGIONAUX.

L'organisation de corps régionaux n'est point d'une application récente. Elle a été cette force locale d'où date l'affranchissement des communes et qui contribua grandement à soumettre aux souverains de la France de puissants vassaux.

Nos rois, jusqu'à la première République, surent se servir de troupes équipées et soldées par les communes ou les provinces. Elles prirent différents noms, d'abord celui des paroisses, puis ceux de villes et de plus grandes circonscriptions.

Sous François Ier et ses successeurs, ces contingents s'appelèrent bandes, légions et même régiments.

Des écrivains nous apprennent qu'en 1688, les milices étaient armées et équipées, ainsi que soldées par leurs paroisses ; un certain nombre d'habitants choisis formaient une compagnie; la réunion de plusieurs compagnies constituait un corps commandé par des officiers gentilshommes ayant servi dans les armées.

Des écrits nous signalent qu'en 1778, il existait non-seulement des troupes d'infanterie et de cavalerie entretenues par des circonscriptions territoriales, mais encore sept régiments d'artillerie provinciaux recrutés dans les centres où se trouvaient des écoles d'artillerie.

Il y avait donc, durant une période de près de 200 ans avant l'époque actuelle, des corps utilisés seulement en temps de guerre, et constitués à peu près comme ceux que nous voulons et que nous tardons tant à organiser.

La première République faisait de ces troupes auxiliaires, à un chiffre limité, la garde nationale comprenant tous les citoyens en état de porter les armes. Ses bataillons protégeaient l'ordre public et s'incorporaient même aux troupes de ligne.

Napoléon Ier, qui s'était créé de nombreuses armées, ne fit que trop tard appel aux gardes nationales, lorsque sa puissance expirait sous les efforts d'une coalition. Elle eut quelques belles pages à ajouter à l'histoire des milices. Les gouvernements qui succédèrent au premier Empire ne s'inspirèrent point de nos premiers envahissements, qui auraient dû les porter à préparer toute la nation à concourir à la défense de son territoire. Ils ne surent point imiter un petit peuple qui, rudement éprouvé par nos armes, se créa en quelques années et presque sans finances une réserve instruite et doublant son armée active. C'est avec des forces qu'on lui soupçonnait à peine que la Prusse accourait se joindre aux troupes de l'Autriche, de la Russie et de l'Angleterre pour nous écraser, et qu'elle se montrait la plus exigeante de ces puissances dans les conditions à imposer à la France et parmi lesquelles elle cherchait à faire comprendre l'abandon de l'Alsace et de la Lorraine.

Nos souverains préférèrent une armée unique, composée d'hommes maintenus assez longtemps sous le drapeau pour ne plus connaître d'autres principes que ceux de leurs chefs, instrument docile ayant parfois contribué à renverser un ordre établi et à étouffer de justes manifestations.

Les milices, au contraire, étaient pour ces gouvernements une organisation dangereuse, en ce que, en dehors de leurs obligations militaires, ceux qui les composaient restaient des citoyens indépendants dans leurs jugements et dont on redoutait les protestations.

Ce sentiment de crainte fut cause qu'on laissa la garde nationale dans l'oubli, ou qu'on ne la maintint que dans les limites les plus réduites et sans la moindre instruction du métier des armes.

Du reste on ne prévoyait pas qu'il pût jamais y avoir encore des dangers extérieurs demandant plus que notre armée pour les besoins de guerres à venir.

Le deuxième Empire songeait à ce concours auxiliaire en 1866, mais pas assez tôt pour amener le pays à en comprendre l'opportunité et nous assurer une troupe exercée et disciplinée, capable de se mesurer avec succès contre un ennemi victorieux.

Nos revers nous apprirent combien avait été grande

la faute d'avoir laissé la masse de la société française se dégager, *à sa grande satisfaction*, de toute servitude militaire; maintenant que la France est amoindrie, et qu'elle peut redouter qu'on ne veuille lui enlever encore quelque partie de son riche territoire, ou avoir sur elle une action politique contraire à ses intérêts, il est indispensable qu'on l'en préserve en inculquant à la nation la science militaire et un esprit de discipline venant en aide à son patriotisme.

Mais, pour transformer un pays de façon à ce que chaque citoyen soit apte à le défendre, il faut que notre pouvoir actuel se dépouille de ce dont étaient imprégnés les régimes qui l'ont précédé et qu'il repousse toute crainte au sujet d'une instruction militaire prodiguée à toutes les classes de notre société. Il faut qu'il soit convaincu qu'un peuple qui se sent appelé à remplir une tâche est l'adversaire de ce qui contribuerait à renverser un gouvernement concourant avec énergie au but qu'il veut atteindre.

Il en est ainsi de la Russie, la première puissance continentale et maîtresse d'une grande partie de l'Asie : l'idée d'une entière suprématie sur le vieux monde et des conquêtes toujours nouvelles préservent son pouvoir despotique de troubles capables de l'ébranler, et font que ses populations diverses forment un faisceau que rien ne semble devoir briser ;

De la République des États-Unis qui, tout en ne cessant de s'accroître en étendue et en population, n'en conserve pas moins un sentiment passionné pour sa constitution : elle y voit la facilité de continuer à s'annexer de nouveaux États et la certitude de devenir maîtresse de rives d'un immense développement sur deux grands océans lui procurant, un jour, la domination des mers ;

De l'empire actuel d'Allemagne, imposé par la Prusse et auquel se rallient, ou mieux, se soumettent résolûment les royaumes et principautés d'une ancienne confédération : la pensée allemande qui les porte à se sacrifier est celle de ne former qu'une puissance dont l'homogénéité puisse la mettre à même de n'avoir rien à redouter de ses voisins et la rendre assez forte pour revendiquer à d'autres États des territoires à sa convenance, ou parce qu'ils ont été habités par des populations d'origine germanique;

De l'Italie, qui a su réduire à néant des rivalités entre ses divers États et accepter de lourdes charges, pour ne former qu'un seul peuple dont Rome, capitale, personnifie les aspirations.

Il est aujourd'hui une nécessité absolue pour le peuple français : celle de convaincre tous ses enfants que leur premier et plus saint devoir est d'assurer, au péril de leur vie, l'indépendance de leur patrie.

Il faut que des millions d'hommes puissent répondre à ceux qui oseraient nous menacer, ou nous refuser la part d'action qui nous est due : « Nous avons des armes et nous savons nous en servir. »

Au temps où un roi de France se rendait prisonnier à Pavie, Fabrice Colonna, un des plus illustres guerriers des armées de Charles-Quint, écrivait :

« Si la France avait été constituée militairement

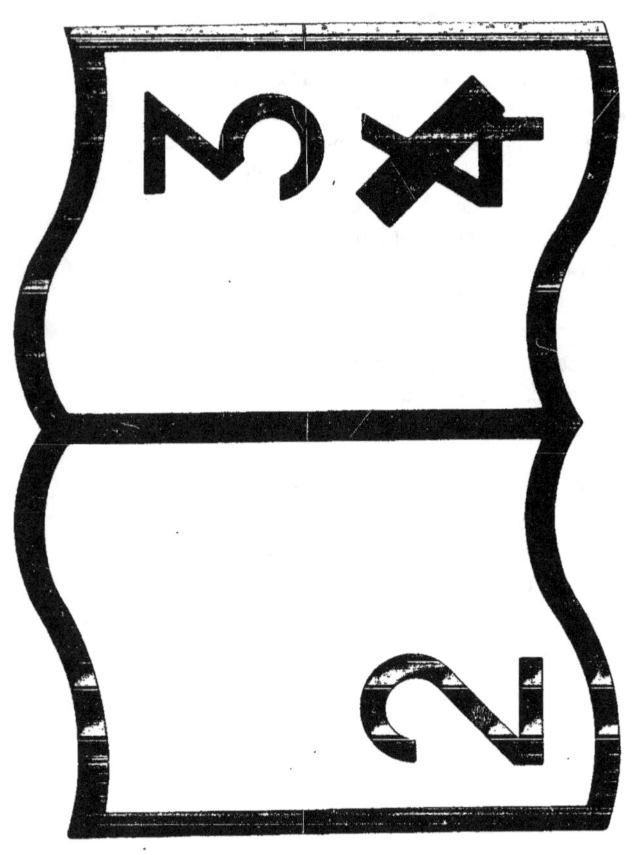

Pagination incorrecte — date incorrecte

NF Z 43-120-12

aussi bien qu'elle pouvait l'être, elle aurait été la plus redoutable de toutes les puissances de l'Europe. »

I: ne nous est peut-être plus permis de prétendre à un premier rôle, en supposant notre pays *constitué militairement aussi bien qu'il peut l'être,* mais nous lui assurerions une sécurité dont profiteraient amplement son agriculture, son industrie et son commerce.

Il est incontestable que depuis sept années nos gouvernements ont fait de sérieux efforts pour que notre armée soit nombreuse et exercée et que nos places fortes soient plus en état de supporter un siége. Cependant, on peut leur reprocher de n'avoir point procédé d'une façon rationnelle, c'est-à-dire nous abritant mieux et plus vite de certaines exigences politiques et, en outre, plus conformes à la situation de nos finances.

Nous ne reviendrons pas sur ce qu'a dit M. Thiers relativement au peu d'opportunité du grand développement des fortifications de Paris, ainsi que sur ce que nous avons énoncé contre des travaux en cours d'exécution ou projetés dans de trop grandes proportions. Il nous suffit seulement de faire observer, qu'en dehors de deux ou trois points à mieux pourvoir d'ouvrages, il eût été préférable de consacrer l'ensemble des fonds destinés à nos places de guerre à nous procurer rapidement une armée de réserve aussi complète et aussi instruite que l'armée active.

La défense d'un pays, on ne pent là-dessus émettre le moindre doute, est plus effective dans l'emploi des jambes et des bras de nombreux soldats que dans des murailles, qui ne doivent, après cette première organisation, être que très-médiocrement prodiguées, pour ne pas en éprouver de cruelles déceptions, si elles ne procurent pas les avantages qu'on en espère.

Nous sommes loin de la formation d'une solide armée de réserve, ce que savait obtenir la Prusse après d'affreux revers en 1806.

Notre ministre de la guerre semble hésiter, et ne savait au juste comment faire fonctionner les corps régionaux. Il a choisi, pour les commander, des hommes un peu pris au hasard. Il y avait, au début de cette organisation, 4 ou 500 officiers de l'armée active demandant leur retraite, après 25 ans de service ; on n'a pas su la leur accorder en leur imposant l'obligation d'occuper, jusqu'à leur 30 années, un rang dans la réserve. On a préféré rapporter la loi qui leur procurait l'avantage de rentrer, encore jeunes, dans la vie civile.

D'autre part nous connaissons des colonels en retraite et très-valides, ainsi qu'un jeune chef de bataillon retraité par suite de blessures et parfaitement rétabli, refusés dans leurs prétentions à exercer encore un commandement, pour se voir préférer des hommes distingués sans doute, mais loin d'être suffisamment préparés à occuper des emplois supérieurs.

Des lieutenants-colonels et chefs de bataillon des corps de la réserve devraient leur position trop à leur fortune et à leur influence politique et pas assez à des services militaires et à la connaissance du métier.

Il y a dans ces préférences, qu'il importe de ne pas multiplier, un grave danger : celui de voir des inférieurs contester avec juste raison à leurs chefs, dès les débuts d'une campagne, une science et une autorité militaire reposant sur autre chose qu'un mérite civil.

On nous a signalé de ces chefs de corps n'ayant joué aucun rôle important dans notre dernière guerre et n'ayant nullement appartenu à l'armée active. De jeunes officiers sous leurs ordres prétendaient qu'ils ne savaient rien des devoirs que leur imposait leur grade et que, s'ils ne se formaient pas durant la paix, ils se verraient forcés de le déposer dès les débuts des premières opérations de guerre ; insubordination dont l'écho pourrait produire des conséquences terribles dans l'armée active si, par suite de combats, elle était momentanément réduite à l'impuissance, ou sous le coup de revers.

Il aurait été préférable de choisir, tout d'abord, de vieux officiers, même peu valides, pour les emplois de capitaines et d'officiers supérieurs, afin de n'avoir à en gratifier après eux que des hommes ayant fourni de véritables preuves de capacité.

Les colonels et autres officiers supérieurs des régiments régionaux, aux services consacrés soit par leur passage dans l'armée active, soit par un long séjour et des épreuves successives dans l'armée de réserve, seraient des chefs dont les mérites ne pourraient être contestés. Soumis à un avancement régulier, ayant donné l'exemple du dévouement à leurs devoirs dans tous les grades, ils auraient grandement le droit d'exiger de leurs inférieurs une égale abnégation et un même amour du métier militaire.

Laisser le pouvoir juger des mérites des postulants,

plus ou moins ambitieux, sans exiger la consécration du temps et d'un avancement gradué, c'est
commettre une faute des plus graves.

Les appréciations d'un ministre ou de ses agents,
quel que soit leur mérite, ne leur éviteront pas une
lourde responsabilité; s'ils n'ont pas procédé par les
règles inflexibles *suivies* pour l'armée active, ils s'ex-
posent à être accusés de favoritisme ou d'incapacité
dans leurs choix.

Le sous-officier des corps de la réserve doit provenir de l'armée active, ou être passé par le grade de
caporal dans la réserve et n'arriver à un autre emploi
qu'après examen;

. Le sous-lieutenant venir de l'armée active ou bien
de la réserve, et, dans ce cas, après deux années au
moins de sous-officier et avoir fourni des preuves de
capacité.

Deux années de service dans les corps de la réserve
permettraient au sous-lieutenant de prétendre au grade
de lieutenant; toutefois, en subissant des examens
prouvant qu'il a une instruction suffisante, il pourrait
également provenir de l'armée active.

Le grade de capitaine serait dévolu d'après les
mêmes règles.

Le grade de chef de bataillon s'obtiendrait de même,
par les capitaines de la réserve, mais après quatre
années d'exercice dans leur emploi, ou par des capi-
taines retraités de l'armée active et reconnus aptes à
une position supérieure.

Quatre ans seraient nécessaires pour arriver au

grade de lieutenant-colonel et quatre autres pour celui de colonel, les officiers de l'armée active pouvant également y prétendre.

L'officier qui, dès ses débuts, n'aurait point cessé d'appartenir à la réserve, n'arriverait ainsi au grade de colonel qu'en passant par tous les grades, et à 38 ou 40 ans, c'est-à-dire à maturité et après une série d'épreuves offrant de grandes garanties.

Il n'en résulterait plus, ainsi que me le disait un officier d'état-major, le froissement, pénible pour eux, d'avoir à traiter avec déférence, comme étant leurs supérieurs, des hommes très-vaniteux de leur position nouvelle et en raisonnant fort mal.

« Vous ne sauriez croire, nous écrivait un autre officier de l'armée active, combien ces nouveaux promus se croient de supériorité sur ceux qui nous commandent ; ils ne parlent rien moins que de livrer bataille, et ils ne seraient point capables de faire exécuter la moindre manœuvre à leur troupe. » « C'est plaisant, nous racontait un autre, de voir dans les salons combien on leur prodigue leur nouveau titre et combien ils l'écoutent avec complaisance; un peu plus de maturité et un avancement moins irrégulier leur seraient plus profitables, ainsi qu'à ceux appelés à leur obéir. »

Des manœuvres et des travaux de guerre dans des camps où figureraient les corps de réserve remédieraient promptement à ces imperfections, si elles sont réelles ; un ministre de la guerre n'hésiterait pas, avant une consécration définitive des grades, à renvoyer ceux qui ne seraient pas reconnus capables de les remplir.

Une récente décision des bureaux de la guerre laisse aux généraux commandant les corps d'armée le soin de former les cadres des caporaux et sous-officiers; il y aura, là, à se conformer à ce que nous avons indiqué plus haut, et par conséquent à ne laisser aucune facilité à des choix ne reposant que sur le désir d'être agréable à un ami ou à une famille.

L'armée de réserve doit être une seconde édition de celle de première ligne, et lorsque chaque contingent annuel aura, dans son ensemble, passé par l'épreuve du service actif, elle formera une réserve d'élite composée relativement de vieux soldats.

Les régiments régionaux sont aujourd'hui à deux bataillons, division due peut-être, en partie, aux nombreuses défalcations adoptées pour les contingents de l'armée active, et à un effectif moindre pour l'armée de réserve, par suite de pertes diverses. Mais la répartition des hommes a été faite si à la diable que plusieurs des bataillons ont des effectifs très-inégaux. Il s'en trouve qui ont un nombre de soldats double ou triple de celui déterminé pour les corps de première ligne. C'est au moins étrange de voir que des chefs de bataillon d'une troupe de réserve, offrant pour la plupart aujourd'hui moins de garanties comme instruction militaire et pourvus d'un cadre incomplet, aient sous leurs ordres des effectifs plus considérables que les bataillons actifs ayant des commandants dont l'expérience est basée sur une carrière déjà bien remplie, et possédant des cadres complets, rompus aux manœuvres, ainsi qu'à toutes les exigences du métier.

Les régiments régionaux devraient être, comme ceux de l'infanterie de première ligne, à 4 bataillons et constitués dans des circonscriptions territoriales leur fournissant leur contingent.

Ces régiments, formés de soldats congédiés de l'armée active et pris dans les communes, seraient une imitation améliorée *des contingents de 1688, où les paroisses formaient des compagnies, et un certain nombre de ces compagnies un corps commandé par des officiers gentilshommes ayant servi dans les armées.*

La différence serait que les officiers actuels n'auraient plus l'obligation d'être gentilshommes, qu'ils proviendraient à la fois de l'armée et des corps de la réserve, après y avoir fourni des preuves de capacité et subi un stage déterminé.

L'État aurait, de plus, à prendre à sa charge les dépenses occasionnées par l'appel de ces *citoyens* sous les armes ; mais, pour les mettre en mesure de marcher et de combattre, il faut que les corps régionaux aient des magasins approvisionnés de tout ce qui leur est nécessaire ; ces magasins établis de manière à permettre d'équiper et d'armer les compagnies ou bataillons, pour que ces troupes puissent facilement et sans retard se rendre à leurs points de concentration.

Nous sommes loin, bien loin de cette organisation simple et régulière ; car, après six années de préparation (et il a moins fallu à la Prusse), nos hommes des corps régionaux sont à peine immatriculés et n'ont eu d'autres réunions que celle consacrée à leur délivrer un livret et à souhaiter le bonjour à leurs officiers ; quant aux magasins régionaux, ils sont à naître.

Aucune mesure n'a encore été prise pour que à des époques déterminées cette armée de réserve puisse se réunir et s'exercer, soit comme bataillon, soit comme régiment ou brigade, même par division et, si le gouvernement le trouve utile, conjointement avec des fractions de l'armée active pour simuler de grandes opérations de guerre. Ces réunions de détail et d'ensemble, de courte durée, auraient l'avantage de ne rien laisser péricliter de l'instruction acquise durant le passage des hommes dans l'armée active. Elles confirmeraient dans l'esprit de tous que ces corps n'ont point cessé d'avoir à se consacrer à la défense du pays ; elles serviraient aussi à consolider, par un contact de quelques jours, les rapports qui doivent exister entre les chefs et les subordonnés.

Les concentrations auraient lieu près de magasins où seraient déposées les armes : dépôts suffisamment fractionnés pour permettre les rassemblements de détail sans frais pour l'État et sans dépense de quelque importance pour les hommes.

Là se formeraient aujourd'hui des jeunes gens n'ayant aucune connaissance du métier ; on y distinguerait ceux aptes à composer les compagnies d'élite, d'éclaireurs, tirailleurs ; on trouverait encore dans ces contingents les hommes propres à des services spéciaux formant le complément obligé de toutes les armées.

Enfin, dans cette organisation d'une armée de réserve, tout devrait être prévu avec une précision égale à ce qui se fait pour l'armée active.

Les hommes ayant appartenu à la cavalerie s'équiperaient dans les mêmes magasins régionaux, prêts à monter à cheval et ayant également leurs époques de rassemblement pour pratiquer au moins à pied les manœuvres d'infanterie que devront savoir tous les hommes de leur catégorie.

Ceux-ci et les artilleurs marcheraient avec les troupes régionales d'infanterie, et, si chevaux et pièces de canon ne répondaient pas à l'effectif des canonniers pour entrer en campagne, ces derniers seraient envoyés dans les places de guerre pour le service de leurs pièces.

Les troupes régionales sont actuellement, ainsi que celles de première ligne et tous les magasins et arsenaux, sous la surveillance et même l'impulsion des commandants de corps d'armée; ces officiers seront l'objet d'un prochain chapitre.

C'est trop de responsabilité pour un seul homme, et on peut leur appliquer le proverbe : « Qui trop embrasse mal étreint. »

Si quelques généraux sont à la hauteur d'une telle tâche, d'autres s'occuperont de préférence des éléments militaires qu'ils auront le plus particulièrement à utiliser.

Il serait donc plus rationnel de laisser les généraux de l'armée active se consacrer entièrement à son instruction, qui sera d'autant plus laborieuse qu'elle demandera plus de soin par suite de la présence de contingents composés presque entièrement des hommes de chaque classe et du peu de temps qu'ils auront à passer sous les drapeaux. Ces généraux auraient en outre à s'assurer que la cavalerie et l'artillerie, ainsi que tout le personnel des services spéciaux, sont en mesure de répondre à ce qu'on en attend ; enfin que les magasins et arsenaux pour leurs troupes, sont pourvus de tout ce que comporte une armée en campagne. Il y a dans cet ensemble une occupation assez grande et une assez grande responsabilité pour ne pas y ajouter d'autres obligations tout aussi difficiles à mener à bien.

Une mesure sage est à prendre : c'est de confier à un général de division, ayant ses généraux de brigade, les corps de l'armée de réserve ; officier n'ayant à en référer, pour tout ce qui les concernerait, qu'au ministre de la guerre.

Ce général de division serait chargé de veiller à ce que tous les services concourant à l'œuvre des combattants soient assurés ; que les magasins soient bien pourvus et en ordre ; que l'instruction acquise à l'armée active par les officiers et soldats ne périclite point. Il aurait à se faire rendre compte des résultats des prises d'armes, dont il déterminerait les époques.

Ce général et les brigadiers sous ses ordres s'occuperaient avec d'autant plus d'ardeur de la solide organisation de leur division de réserve, qu'ils sauraient avoir à marcher et à combattre avec elle.

La répartition des généraux entre l'armée active et

l'armée de réserve n'entraînerait aucune augmentation du cadre de l'état-major général, si l'on décidait, ainsi qu'il a été fait au début de notre première révolution, qu'aucun service hors cadre ne peut distraire un officier général du commandement des troupes.

L'expérience aura prouvé, surtout dans notre dernière guerre, combien il était fâcheux d'avoir des officiers généraux se consacrant, d'une manière trop complète et hors cadre, à une spécialité parfois plus civile que militaire.

Le classement des généraux suivant l'arme où ils ont servi a en outre été cause que beaucoup d'entre eux n'ont bien su que ce qui concernait le corps dans lequel s'était fait leur carrière.

Il nous faut cesser de procéder ainsi. Qu'il n'y ait plus de généraux sans troupes à commander ; que tous soient suffisamment préparés aux commandements de l'infanterie, de la cavalerie, de l'artillerie et du génie, et qu'ils n'ignorent rien des autres services. Nous avons eu trop de preuves du manque de savoir de certaines spécialités dans l'emploi de toutes les armes, pour qu'on veuille maintenir un classement aussi défectueux.

En n'admettant d'autres exceptions au commandement des troupes que celles produites par suite de maladies, ou comme fonctions des plus restreintes au grand état-major général, on aura un cadre répondant aux besoins des brigades et divisions de notre armée active et de réserve. Nous ne verrons plus ainsi d'emplois hors cadre, où les titulaires oublient tout service de troupe et où plusieurs ont, sur les 365 jours de l'année, plus de 300 de ces jours sans autre occupation que de s'ingénier à vivre dans les conditions les plus confortables.

CHAPITRE XIII

CORPS D'ARMÉE.

Les régiments d'infanterie, portés à 4 bataillons de 1,000 hommes chaque, constituent à leur colonel une force assez considérable pour lui permettre des opérations d'une certaine importance. La brigade d'infanterie à 8,000 fantassins, avec cavalerie et artillerie, égale presque en nombre les divisions qui ont opéré à diverses époques.

La division de 16,000 fantassins, munie de tous ses accessoires, est la meilleure expression tactique capable de commencer et de mener à bien les phases d'un combat.

Cette division, en supposant tous les contingents annuels sous les armes et la durée du service réduite à 3 et même à 2 années, exigera, en temps de paix, tous les exercices et travaux de guerre susceptibles de former, de cette jeune troupe, d'excellents soldats.

Ces divisions, ainsi recrutées, nécessiteront de la

part des cadres un enseignement fait avec soin, non-
seulement dans les garnisons, mais dans les camps,
pour inculquer à leurs subordonnés une connaissance
suffisante des divers services, ce que possédaient trop
peu leurs devanciers.

Ce travail incessant pour former vite et bien une
jeune armée nous faisait écrire au moment où l'on
parlait de construire un peu partout des casernes :
« Évitez de les multiplier et surtout de trop disperser
vos troupes, ayez plus de camps où elles puissent bi-
vouaquer et manœuvrer. »

La division en temps de paix, en raison de la présence dans le rang de contigents entiers, permet de
résoudre toutes les opérations de la guerre ; cependant, si la nécessité de plus gros effectifs se faisait
sentir, il serait facile de réunir dans un camp deux
divisions en corps d'armée temporaire. Les généraux
de division en prendraient alternativement le commandement et se façonneraient ainsi à l'emploi de corps
de 40 à 50,000 hommes.

L'armée constituée en divisions n'a offert que des
avantages et a permis de choisir, à un moment dé-
cisif, le chef reconnu le plus capable pour la commander. C'est par suite de l'application de ce système que
des divisionnaires, sous la République et le Consulat,
temporairement pourvus d'un plus grand commandement, ont su acquérir une réputation militaire consacrée par des victoires. C'est alors que s'illustrèrent
les Dumouriez, Pichegru, Hoche, Marceau, Kléber,
Moreau, Lefebvre, Championnet, Augereau, Joubert,

Chérer, Serrurier, Desaix, Macdonald, Brune, Marmont, Soult et Bonaparte.

C'est à ces généraux commandant nos armées à titre provisoire, que nous dûmes les victoires de Valmy, de Jemmapes, d'Hondschoote, de Wattignies, de Guisberg, de Fleurus, de Loano, de Montenotte, de Millésimo, de Lodi, d'Essling, de Castiglione, de Roveredo, de Bassano, d'Arcole, de Rivoli, des Pyramides, d'Aboukir, de Zürich, de Marengo, et nous en oublions. Les temps qui suivirent, et où furent constitués des corps d'armée pour les besoins de la guerre, n'éclipsèrent point cette magnifique période.

Les corps d'armée constitués sous l'Empire sont une formation qui, depuis, a été à peu près copiée par la Prusse.

Napoléon Ier eut sans doute raison de fractionner ainsi ses nombreuses troupes, destinées à combattre tous les États de l'Europe et par conséquent à porter au loin les armes de la France ; mais, s'il en résulta des avantages, ils furent plusieurs fois contre-balancés par de graves inconvénients. Il n'est pas à supposer qu'il ait maintenu cette institution durant une longue paix, surtout n'ayant à y placer que des hommes dont le mérite n'eût point été suffisamment consacré par la guerre. Les corps d'armée furent une facilité de plus pour guider, de sa main puissante, Italiens, Espagnols, Bataves et Allemands.

Ces agglomérations de soldats de diverses origines furent une des causes de la réapparition du titre de maréchal de France. Il procurait à certains hommes d'une grande valeur un droit incontestable au commandement sur des généraux étrangers, dont quelques-uns étaient d'origine princière. Grâce à cette haute dignité, ils purent exercer leur autorité sans causer de trop grands froissements d'amour-propre. Mais si les maréchaux eurent cette utilité, on voit, d'autre part, combien leurs rivalités causèrent d'embarras, combien ils suppléèrent peu aux défaillances de leur souverain et combien, de 1814 à 1815, quelques-uns se montrèrent peu à la hauteur du dévouement que possédait encore l'armée pour son chef suprême.

Les officiers de grades inférieurs et les soldats s'en exprimaient librement et regrettaient que de jeunes colonels ou généraux ne les remplaçassent point dans leurs grands commandements.

En effet, les événements qui s'accomplirent alors donnèrent à conclure que plusieurs de ces maréchaux manquèrent de confiance en eux-mêmes et dans la fortune de Napoléon Ier, qu'ils ne combattirent plus que par devoir et qu'ils aspiraient après un repos qu'ils croyaient avoir suffisamment mérité par de rudes travaux et mille dangers.

Les corps d'armée, qu'on a reconstitués à l'état permanent depuis 1870, n'ont aucune des raisons d'être que comportait leur établissement sous le premier Empire.

La France n'a plus besoin d'autorités planant au-dessus de généraux étrangers, elle ne pense plus à envahir et à soumettre ses voisins, elle n'a qu'une

préoccupation, celle d'assurer la défense de son territoire. Cet état dispense de corps d'armée, les divisions pouvant tout aussi promptement se concentrer
sur nos frontières, et notre armée de réserve, si facilement mobilisable d'après nous, pouvant en doubler
le nombre au besoin. Les corps d'armée permanents,
tels qu'ils existent aujourd'hui, semblent avoir été
faits pour satisfaire quelques personnalités, un peu pour
rendre plus rapides des répressions à l'intérieur, et nullement dans un but militaire d'une réelle utilité.

Les corps d'armée sont onéreux par leur personnel
état-major. Cette formation est en outre moins avantageuse pour la concentration des réservistes, qu'on réu-
nirait avec plus de rapidité et moins de dépense, les
divisions étant réparties par circonscriptions.

Les corps d'armée ont l'inconvénient de créer des
droits à de grands commandements de la part de généraux qui peuvent être incapables de les exercer en
campagne.

Notre dernière Assemblée nationale appréciait en
partie ce danger et déclarait que les généraux placés
à la tête de corps d'armée n'exerceraient ce commandement que durant trois années consécutives.

Le rapport présenté par le président de la commission disait :

« Serait-il possible, au moment d'une guerre, de
déposséder des chefs éminents, que leur âge ou
leurs infirmités pourraient cependant avoir rendus
peu capables de faire un service actif, pour faire
passer en d'autres mains un commandement qu'ils

se seraient habitués à considérer comme un droit ?
On hésiterait assurément à faire une telle injure à
leurs longs et honorables services, et ils réclame-
raient eux-mêmes avec toute l'énergie de leur patriotisme, au nom de leur honneur militaire, contre ce
qu'ils appelleraient avec raison un affront fait à
leurs cheveux blancs. Ces considérations ont paru à
votre commission assez sérieuses pour qu'elle n'hésite pas à vous proposer de décider, par une
disposition législative formelle, qu'il ne sera pas
organisé d'armée à l'état permanent en temps de
paix ; que les commandants de corps d'armée ne
pourront être maintenus dans un même commandement que pendant plus de trois années consécutives, et que l'exercice du commandement en
temps de paix, ne leur créera aucun privilége ulté-
rieur de fonctions dans leur grade. »

Les commandants de corps d'armée, depuis la fin de
la guerre, il y a six ans, n'en conservent pas moins
leur position. La limite des trois années consécutives
passe à l'état de lettre morte, et nul de ces généraux ne
pense se voir forcé à résilier son commandement et à se
placer sous les ordres d'un collègue plus jeune de
grade, désigné pour le remplacer. Ces commandants
de corps d'armée, qu'ils aient été constamment battus,
qu'en vieillissant ils aient perdu cette activité, cette
énergie, cette conception si rapide, si indispensable à
la guerre, n'en feront pas moins valoir leur droit, résultant d'une possession indéfiniment prolongée, pour
rester à la tête de leurs troupes en temps de guerre,

quitte, s'ils ne peuvent suffire à leur mission, à faire
retomber sur leurs subordonnés la responsabilité de
leurs insuccès.

Une situation si grave sera évitée en adoptant de
nouveau l'armée uniquement fractionnée en divisions.

Les arguments formulés devant l'Assemblée nationale et confirmés par ses décisions relativement aux
généraux commandant les corps d'armée sont également applicables aux maréchaux, presque toujours
plus âgés et dont l'insuffisance ne pourrait être mise
en doute.

La première République supprima ce haut emploi,
qui avait depuis son origine causé de trop nombreuses déceptions. Elle décidait aussi que le titre de
commandant d'armée ne serait que provisoire et n'aurait d'autre durée que celle des concentrations néces-
sitées pour des opérations de guerre.

Napoléon Ier fut médiocrement satisfait de plusieurs
de ses maréchaux.

La République actuelle ne montrerait-elle pas de la
sagesse en suivant l'exemple de sa devancière et en
évitant ainsi les ennuis éprouvés par l'Empire ? Le
titre de maréchal n'a pas toujours été la récompense
accordée à de grandes qualités militaires, et a rarement procuré de réels avantages. Si le maréchalat doit
être conservé, qu'il soit au moins la consécration d'une
victoire, unie à des mérites incontestables, mais qu'il
cesse d'être un rouage à faire fonctionner quand
même, ou accordé par suite de services politiques.

La situation actuelle de la France oblige d'établir

sur la plus large base la défense nationale et force,
d'autre part, à procéder avec économie.

La division répond mieux que le corps d'armée au
but à atteindre.

Le fractionnement de l'armée par divisions, et répartie sur le territoire qui pourvoit à son recrutement
et où séjournent ses réservistes, satisfera plus économiquement et plus vite aux réunions particlles ou générales des divers contingents.

L'homme moins éloigné de sa famille et de son drapeau, ayant seulement trois ou deux années à consacrer au métier des armes, n'aura plus la pensée de
s'en exonérer en désertant ; lui et sa famille ne se
plaindront plus d'un éloignement assez prolongé pour
rendre presque impossible le retour aux travaux civils.

L'instruction donnée de l'enfance au jour de l'enrôlement, et le court passage dans l'armée active, la
feront considérer comme une école supérieure de guerre
où se démontrerait à profusion tout ce qui est susceptible d'assurer à la patrie des serviteurs dévoués
et capables.

Mais pour que cette dispersion de l'armée active
dans ses socalités de recrutement ait lieu, il faut
que nos gouvernants renoncent à concentrer dans deux
ou trois grandes villes, ou auprès, le tiers de l'armée.

Il fallait sans doute les surveiller aux époques où
leur libéralisme effrayait des gouvernements trop im-
muables, et qui, cependant, leur reconnaissaient un tel
patriotisme qu'ils les laissaient sans soldats, lorsque
ceux-ci avaient à courir à nos frontières.

Notre situation intérieure n'est plus la même, le pays peut facilement augmenter la somme de ses libertés, et arriver à ce résultat par un changement régulier et à courte échéance de mandataires récalcitrants.

Il n'a plus à en appeler à de violentes agitations pour vaincre les résistances d'un pouvoir qu'il est en droit de remplacer; enfin la nation veut la paix et ne se laissera entraîner à aucun changement qui soit capable de la troubler...

Parce qu'elle a besoin, avant tout, de reconstituer ses ressources financières et ses forces.

Les troupes, casernées dans des garnisons situées dans leur circonscription de recrutement, y seraient exercées aux manœuvres de détail et préparées, par des cours à différents degrés, aux connaissances historiques, géographiques et militaires.

La compagnie y manœuvrerait non-seulement comme fraction d'un ensemble, mais encore apprendrait à agir en corps isolé, s'éclairant, se gardant et sachant prendre l'initiative d'un combat.

Le bataillon et le régiment, suivant leur degré de concentration, se livreraient à des opérations plus étendues, à des travaux de campagne, usant à cet effet de leur terrain de manœuvre; libres de le bouleverser, à la seule condition de le remettre dans son état primitif, les études terminées.

La vie des camps serait, le plus possible, la représentation de celle d'une troupe en campagne, et les brigades d'une division auraient, alternativement, à

s'y occuper une partie de l'année ; la division entière
y séjournerait quelques semaines.

On ne se contenterait plus, dans ces camps, de l'exécution de mouvements compassés et lents, dont se
moquaient tant, avant 1870, nos heureux adversaires.
On y simulerait des reconnaissances et des charges,
autres que celles de cette époque, qui avaient lieu à
cinquante mètres du front des troupes à couvrir.

L'artillerie serait mieux employée et sur des terrains permettant d'apprécier son rôle. Enfin, on aurait
à chercher ce qui se rapproche le plus d'une opération réelle.

Dans les camps, des changements répétés de bi-
vouacs apprendraient aux soldats à s'installer promptement et avec ordre. Les ordinaires y fonctionne-
raient comme dans nos courses africaines. Le tir s'exé-
cuterait de manière à faire rivaliser les corps entre
eux. L'étude du canon et son emploi seraient propagés
à toutes les armes; aucun corps n'ignorerait les procédés nécessaires pour franchir un cours d'eau ; toutes
les troupes sauraient élever, défendre et niveler des
travaux de campagne, tracer et construire une voie
ferrée, faire fonctionner une ligne télégraphique, ainsi
que tous les autres services accessoires des armées.
Le camp serait la continuation des études théoriques
et pratiques de tout ce qui se fait en temps de
guerre.

Les officiers chargés d'exécuter des reconnaissances auraient à fournir des levers à vue et au sujet desquels un concours serait établi entre tous les

corps. On populariserait certaines notions d'hygiène,
évitant ou diminuant les effets de maladies, d'accidents
ou de blessures, par des procédés simples et à la portée de chacun.

On n'oublierait pas non plus tous les jeux de force
et d'adresse que les anciens et tous les peuples guerriers mirent en honneur.

C'est aussi dans les camps que les officiers supérieurs de tous les corps apprendraient à commander
toutes les armes ; le chef de bataillon et le colonel
d'infanterie, faisant manœuvrer de l'artillerie et de la
cavalerie, escadron, batterie ou régiment suivant leur
grade.

Les officiers supérieurs de cavalerie et d'artillerie, ainsi que du génie procéderaient de même, de
manière à ne point les laisser dans l'ignorance du meilleur emploi des diverses forces de l'armée.

Il ne faut plus que des hommes d'une grande
valeur puissent hésiter sur le choix d'emplacements
leur permettant d'user avec avantage de leur artillerie, et qu'on ait à regretter des charges de cavalerie ordonnées et exécutées en pure perte, contre de
l'infanterie nullement éprouvée, parfaitement en bataille et rangée au sommet d'une éminence à franchir ;
qu'on n'ait plus à voir une armée dans une situation
à recevoir des projectiles ennemis de tous les points
de l'horizon

L'emploi des officiers supérieurs au commandement de toutes les armes serait facilité par l'application des mêmes termes aux mouvements iden-

tiques, tandis qu'on semblait s'être étudié, pour établir
une plus grande démarcation entre chaque corps, à
donner des expressions différentes pour ce qui ne
demanderait d'autres changements que ceux de batterie, d'escadron ou de bataillon.

C'est dans ces concentrations que se classeraient
les non-combattants, formés des spécialités indispensables:

Les brancardiers, les infirmiers, la compagnie des
chemins de fer et télégraphiers, les agents des administrations.

La réunion de ces services formerait un bataillon
par division. Il serait commandé par des ingénieurs,
des médecins ou pharmaciens, des ouvriers d'art, gradés suivant leurs connaissances militaires ; le service
à remplir, quel qu'il soit, ne pouvant mieux être exécuté que par des hommes ayant l'habitude de la discipline et d'une prompte obéissance.

Le général Charton, dans son rapport à l'Assemblée nationale, déclarait que la constitution de l'arme
du génie en régiment était mauvaise, et proposait de
n'avoir qu'un bataillon par corps d'armée.

Il formait ce bataillon de quatre compagnies de
mineurs, d'une compagnie de pontonniers, d'une compagnie de télégraphiers et de chemins de fer.

Nous laissons à l'ensemble de l'armée la charge
des travaux de campagne, et pour nous les sapeurs-
mineurs doivent être dans les places pour être utilisés
suivant les circonstances.

Les pontonniers ont été rendus à l'artillerie.

Il reste de la classification du général, les employés des chemins de fer et des télégraphes qui, avec les hommes des services administratifs et hospitaliers, formeraient, ainsi que nous l'avons dit, un bataillon par division, et dont l'effectif monterait à 1,000 ou 1,200 hommes.

Cette troupe armée, seulement afin de pourvoir à sa défense, après avoir terminé le temps fixé pour l'armée active, conserverait son rôle spécial durant son séjour dans l'armée de réserve.

Les réservistes de l'armée active, appelés à y rentrer au premier ordre, seraient entretenus dans leur instruction acquise du métier des armes ; mais dans les conditions les plus faciles à remplir et préjudiciant le moins possible à leur existence civile.

Le peu de temps que les réservistes ont à consacrer aux exercices et aux manœuvres devrait se passer dans les bataillons ou régiments voisins de leur résidence, ces hommes ne reparaissant aux grandes manœuvres de leur division que dans leurs dernières années de participation à l'armée active. Ce dernier exercice serait la consécration du savoir que chaque soldat ou officier aurait à apporter à l'armée de réserve, qui serait dans la nation la troupe d'élite apte à soutenir une troupe plus jeune et à lui montrer comment l'instruction, unie à l'expérience et à la bravoure, assure des victoires.

L'action des généraux de l'armée active s'étendrait non-seulement à tous les corps de leur division, mais encore au matériel et aux approvisionnements. Les magasins et arsenaux auraient à être placés de manière à ce que ces troupes de première ligne, comme celles de l'armée de réserve, puissent en peu de jours, hommes présents et réservistes, s'équiper et entrer en campagne.

Cette organisation de l'armée active et de la réserve constituée dans de semblables conditions permettrait de faire agir simultanément plusieurs millions de soldats.

Nous n'aurions plus à redouter l'envahissement d'un ennemi prêt avant nous, et nous serions sous les armes et en marche en moins de temps que ne l'a été l'Allemagne en 1870.

Mais la répartition des troupes près de leurs lieux de recrutement ne sera complétement vraie, et l'instruction facilitée aux hommes de toutes les classes, ainsi que leur appel sous les armes et leur emploi immédiats, que lorsqu'on aura su affecter les troupes de la marine et ses matelots à la garde de nos côtes et de nos colonies, y compris l'Algérie, ce qui sera le sujet du prochain chapitre.

CHAPITRE XIV

MARINE.

La France sut, à des époques diverses, protéger ses colonies et défendre ses rivages par une force armée composée de marins et de soldats. Les provinces maritimes fournissaient, avant notre première révolution, non-seulement des matelots, mais encore des milices portant le nom de garde-côtes ; elles s'élevaient, en 1770, à un effectif de 26,000 hommes.

De nos jours ne s'opère plus ainsi la constitution des contingents de mer, qui sont pris en partie dans l'ensemble du pays et sont trop spécialement affectés à la garde des territoires hors de notre continent, quoique de malheureuses guerres nous aient fait perdre un grand nombre de nos colonies et des plus importantes.

L'infériorité de nos flottes et leur destruction dans nos luttes contre l'Angleterre, sous le premier Empire, firent utiliser la marine comme troupe de terre, et elle prit une part honorable dans nos combats.

Infanterie de marine et marins, sous le deuxième

Empire, se comportèrent admirablement lors de nos derniers désastres; mais ce concours accidentel demande à être mieux défini, ainsi que les ressources en hommes, susceptibles d'en faciliter l'action et de permettre aux troupes, affectées aux opérations à accomplir sur le continent, de pouvoir entièrement s'y consacrer.

La marine, comme en des temps déjà éloignés, doit donc être à la fois la garde de nos colonies et des rives de l'Océan, ainsi que de la Méditerranée. Cette dernière mission s'impose d'autant plus que nos ressources financières suffisent à peine pour satisfaire aux besoins actuels de notre marine et que ses chantiers et arsenaux sont insuffisamment pourvus de tout ce qui peut assurer, après de premiers engagements, la réparation ou la construction de vaisseaux par suite d'avaries survenues dans les combats.

Nous voyons, au contraire, près de nous des peuples se créer des flottes, se procurer d'abondantes ressources et chercher à acquérir une suprématie sur mer par le nombre de leurs bâtiments et par les perfectionnements qu'ils y apportent. En présence d'armements maritimes considérables qui tendent à nous faire déchoir du rang que nous occupions et capables, peut-être, de nous obliger à ne remplir qu'un rôle défensif, sachons au moins donner à notre marine, dans notre nouvelle organisation militaire, la situation qu'elle avait jadis, la garde de notre littoral.

Si nous devons être réduits à n'user de nos vaisseaux et frégates à course rapide que pour sillonner les mers, en évitant les flottes ennemies ; libres d'accepter ou de refuser un combat, grâce à leur grande vitesse ; servant surtout à maintenir nos rapports avec nos colonies et à leur procurer quelques secours ; que nous ayons dans nos soldats de marine et nos matelots une troupe assez nombreuse pour nous préserver de toute crainte d'un débarquement sur nos côtes. Qui mieux que la marine peut rendre inabordables nos ports, nos rades et nos fleuves ? n'a-t-elle pas pour cet usage ses vaisseaux, ses canonnières, ses torpilles et ses canons puissants, aux portées les plus étendues ?

C'est aux services maritimes qu'il convient de confier la surveillance et la défense de nos côtes, et par conséquent de les leur livrer entièrement, sans qu'aucune autre autorité ait à intervenir pour ce qui peut concerner les dispositions à prendre, l'armée de terre ne lui venant en aide qu'en cas de nécessité.

Mais pour satisfaire à des opérations sur mer et sur nos rives, il faut à la marine un large recrutement, produit par la population voisine de l'Océan et de la Méditerranée ; que ses soldats et ses matelots aient là leurs contingents actifs, leurs réservistes, leurs corps de réserve et même une milice composée de tout homme en état de porter les armes, en dehors des autres catégories. Une force aussi considérable peut être consacrée à cette défense, si nous sommes bien résolus à constituer la nation armée.

Sous Louis XIV, à l'époque où nos flottes furent les plus nombreuses, où nos lointaines possessions avaient une importance considérable, où des luttes

11

étaient engagées sur tous les points du globe, il existait deux vice-amiraux ayant pour mission de commander les vaisseaux et les escadres destinés à la sûreté des côtes ou croisant dans les mers de leur district.

L'un était le vice-amiral du Ponant, autrement dit des côtes de l'Ouest et des flottes agissant dans l'Océan ;

L'autre, vice-amiral du Levant, ou sur la Méditerranée.

Au fur et à mesure de la décroissance de notre action sur les mers, ce nombre d'agents supérieurs, pour des fonctions amoindries, n'a fait qu'augmenter. Nous possédons aujourd'hui quatre préfectures maritimes sur les bords de l'Océan et une sur la Méditerranée.

C'est beaucoup ; mais sans prétendre provoquer une diminution, nous pensons qu'une préfecture assise sur les rives de l'Océan pourrait être déplacée pour occuper et garder les côtes de l'Algérie ; à la préfecture de Rochefort reviendrait la surveillance des côtes s'étendant de l'Adour à la Loire ; à celle de Brest, un commandement s'exerçant de la Loire aux côtes normandes; celle de Cherbourg s'étendrait de Granville à Dunkerque.

La préfecture de la Rochelle, rendue inutile, serait transportée à Alger; elle aurait sous sa garde 200 lieues de côtes et, par ses généraux et ses soldats, assurerait la tranquillité de notre belle et vaste colonie.

Nos colonies fourniraient à la mère patrie, dans des conditions semblables, troupes actives, réservistes et corps de réserve, ainsi que tous citoyens en état de

combattre ; force armée permettant de réduire de plus
en plus les contingents militaires de la marine à envoyer du continent. L'Algérie verrait rentrer en France
généraux , officiers et régiments faisant partie des
troupes plus particulièrement affectées à son territoire.
Les autres corps, passant au titre de la marine, se
composeraient de volontaires venus de France, de Français algériens, d'Arabes ou Kabyles ; puis de la légion
étrangère, des bataillons d'Afrique, des compagnies de
discipline, des spahis ; puis de l'artillerie et du génie ;
tous les services devenant coloniaux, une partie de ces
troupes seraient placées dans des conditions leur permettant de se fixer au sol et de créer à leur famille
des propriétés sur des terrains limitant les frontières
du Tell.

La ville de Bel-Abbés, si belle aujourd'hui, est due
à un essai de ce genre. On recommençait en 1869 à
vouloir installer des militaires entre Boghar et Teniet-
el-Haad, mais l'instabilité des pouvoirs et la guerre y
ont fait renoncer ; le colonel Zuzoni, l'organisateur de
cette œuvre, succombait au combat de Wissembourg.

Aux troupes de la marine, plus stables, à entreprendre de semblables travaux qui assureraient à la
colonie de braves soldats améliorés par leurs occupations, et qui, successivement congédiés, feraient
d'excellents colons.

Un général de division des troupes de la marine rési-
derait près du chef du gouvernement colonial, il aurait
sous ses ordres des brigadiers commandant les troupes
stationnées dans chaque province. Un plus grand

nombre d'officiers généraux n'est point indispensable, en raison de l'extension du régime civil et des moindres préoccupations que peuvent causer quelques tribus indigènes.

Les officiers de marine, en si grand nombre à terre, surtout en temps de paix, remplaceraient, aux affaires arabes et dans les commandements de certaines circonscriptions, les quelques officiers de l'armée de France.

C'est ainsi que s'assurerait la sécurité de l'Algérie et que la répartition des troupes sur notre territoire européen s'opérerait d'une façon régulière et complète et permettrait, au besoin, de procéder rapidement et sans la moindre entrave à leur concentration.

Les Européens non Français de l'Algérie, propriétaires, commerçants ou à la tête d'une industrie, auraient à participer au service des milices pour assurer la tranquillité de leurs foyers.

L'Arabe et le Kabyle, que nos lois et nos préjugés ont tenus jusqu'à ce jour en dehors de notre nationalité, cè que la Russie a la sagesse de ne point faire à l'égard de ses sujets asiatiques de religions diverses, composeraient en grande partie les contingents en soldats et matelots. Il importe de ne pas tarder plus longtemps à les admettre, comme tout Français, au service militaire, exigence qui doit avoir lieu surtout durant une période de paix, offrant toute facilité de réprimer, sans graves inconvénients, quelques résistances, si elles avaient lieu.

Il serait dangereux d'éloigner indéfiniment les mu-

sulmans d'un concours que tout peuple doit à sa patrie,
et de les porter ainsi à croire qu'une agrégation nombreuse et énergique est en droit, en raison de son état
social, de se considérer comme exonérée de l'impôt
le plus pénible aux familles.

Notre histoire nous prouve combien un tel privilége
occasionne de perturbations lorsqu'il devient urgent
de le faire cesser, et récemment, en Espagne, il contribuait à maintenir en révolte quelques-unes de ses
provinces.

En procédant avec une certaine réserve, en Algérie, dans l'application générale d'un appel sous le drapeau, en ne l'exigeant que des Arabes et Kabyles en
territoire civil, comme se rapprochant le plus de notre
civilisation, et en étendant ce principe au fur et à mesure de l'extension du pouvoir civil sur l'ensemble de
la colonie, on ne peut en attendre que d'avantageux
résultats.

La conduite des volontaires musulmans composant
nos troupes indigènes plaide en faveur de ce recrutement.

Les tirailleurs et spahis, administrés avec justice,
se rendant compte de notre puissance, n'ont cessé de
montrer un dévouement absolu, en Afrique, en Crimée, en Italie, au Mexique et, dans notre dernière
guerre, en France. Ces troupes, au milieu de leurs con-
citoyens révoltés, non-seulement ne leur fournirent jamais aucun appoint, même partiel, mais encore contribuèrent chaque fois à les réduire à l'obéissance.

On peut donc attendre d'une population musulmane,

mêlée à la race européenne, assouplie par son service
militaire dans l'armée et la marine, ayant acquis une
teinture de notre langue, de nos usages et de nos lois,
de la voir perdre bien de ses préjugés et repousser les
provocations d'ignorants agitateurs.

En appelant Arabes et Kabyles à prendre part à nos
travaux militaires, nous pouvons ne pas laisser un port
ou même une crique sans y créer un centre maritime
qui, suivant son importance, posséderait des officiers
ou marins français apprenant à leurs subordonnés à
diriger une barque et d'autres bâtiments, à les réparer
et même à les construire. Il est de notre devoir, enfin,
de faire revivre sur ce magnifique littoral, dans leurs
descendants, ces hommes de mer qui firent longtemps
trembler les marines de toute l'Europe et qui faisaient
dire à un dey d'Alger faisant la paix avec la France :
« Avec mes ports et ceux de la France comme refuges,
mes marins sont les maîtres de la Méditerranée. »

CHAPITRE XV

MODIFICATIONS ET SUPPRESSIONS.

GÉNIE ET ARTILLERIE.

Nous avons dit ce que nous pensions des corps du génie et de l'artillerie, ainsi que de certaines modifications à y apporter. Les diminutions à opérer dans les emplois hors cadres sont assez importantes pour que nous en parlions dans ce chapitre. Le génie possède aujourd'hui, malgré notre réduction de territoire, 30 directions du génie comportant en moyenne 1 colonel, 1 lieutenant-colonel et 3 ou 4 chefs de bataillon et parfois 1 capitaine de première classe. Les chefferies formant ces divisions et commandées par ces officiers n'ont, trop souvent, que des casernes à surveiller et à faire réparer, qui ne nécessitent d'autres dépenses, sur beaucoup de points, qu'un millier et même quelques centaines de francs, ainsi que je l'ai déjà signalé.

Ce débouché ne suffisant pas à l'arme du génie, on

a constitué, depuis notre dernière guerre, des directions supérieures du génie affectées aux corps d'armée et où sont répartis des généraux, des chefs de bataillon et capitaines dont les occupations actuelles seraient assez difficiles à définir. Il existe en outre une direction spéciale de la défense de Paris; un comité consultatif des bureaux du génie au ministère de la guerre; multiplicité d'emplois diminuant d'autant les ressources à affecter aux troupes et dont l'utilité, pour un grand nombre, est très-contestable.

Ces services peuvent être réduits sans préjudicier à nos travaux de défense et à l'entretien des bâtiments militaires.

Si la marine est admise à garder et à défendre nos côtes, les suppressions concernant le génie de l'armée de terre n'en seront que plus faciles à opérer. Il nous semble que nos forteresses confiées à des officiers du génie, d'un grade plus ou moins élevé suivant l'importance des places, permettraient suffisamment d'en assurer la conservation, ainsi que des bâtiments et casernes appartenant à l'État. Quant aux villes ouvertes possédant des casernes et autres constructions, des agents subalternes du génie et des conventions passées avec des entrepreneurs pourraient ne nécessiter que des inspections périodiques, faites dans chaque circonscription territoriale par des officiers momentanément détachés des troupes ou même des places de guerre.

ARTILLERIE.

L'artillerie a également multiplié, outre mesure, les services hors cadre.

L'instruction donnée à Saint-Cyr et à l'école supérieure de guerre, où ceux qui en sortent connaissent et sauront pratiquer tout ce qui est relatif à l'artillerie, dispensera d'un si grand nombre d'écoles, qui est de 19, sans compter celle d'application du génie et de l'artillerie, institutions pourvues avec luxe d'officiers supérieurs.

Un seul établissement, où seraient appelés les sous-officiers proposés pour officiers, ainsi que des officiers, les plus capables, sortis de la troupe est suffisant. Ils y apprendraient : les premiers, ce qui doit en faire d'excellents canonniers; les seconds, à égaler en connaissances militaires leurs collègues sortant de l'école de Saint-Cyr.

Les colonels commandant les régiments d'artillerie trouveraient dans ces éléments divers des hommes capables de suffire à l'instruction du reste des cadres et de la troupe, soit par des cours faits dans les garnisons, soit comme théorie et pratique dans les camps et champs de tir, de manière à s'assurer d'habiles artilleurs. Les officiers d'artillerie confinés dans les places de guerre seraient également chargés de préparer leurs subordonnés à tout ce que comportent

11.

la défense et l'attaque des places, et la préparation des munitions de guerre.

Les directions, au nombre de vingt-six, sont aussi trop nombreuses et affectées en grande partie à la défense de nos côtes; la constitution nouvelle de nos armées les rendra bien moins nécessaires.

Les officiers adonnés aux différentes armes ne tarderont pas à fournir des hommes capables d'apprécier les besoins de tous les services. Les généraux commandant les troupes, responsables de tout ce qui doit leur permettre d'entrer en campagne, sauront par eux, ou par leur état-major, se rendre un compte exact de toutes les exigences, même dans les moindres détails.

Nous avons, jusqu'à ce jour, cherché à obtenir d'officiers instruits et capables, mais trop peu stables dans leurs fonctions, les améliorations de tous genres que comportait notre armement, et si nous sommes sortis de ce système ce n'est qu'à de rares exceptions. Malgré le mérite des hommes détachés ainsi de l'armée pour diriger nos fonderies et manufactures, leur lenteur dans leurs travaux, leur indécision dans les innovations à introduire, doivent nous déterminer, à une époque où il faut faire vite et aussi parfait que possible, à intéresser dans de plus larges proportions tous les industriels travaillant le fer et l'acier, et sachant mieux le mélange des métaux pour répondre aux mille besoins de l'industrie.

En demandant à nos métallurgistes et à nos armuriers de résoudre certains problèmes, en assurant aux concurrents les plus habiles une grande part dans a production, nous verrions les prodiges résultant d'une honorable rivalité, et l'État n'aurait pas à supporter les frais souvent considérables d'essais infructueux. Nos manufactures militaires se transformeraient en bureaux de réception, tout en continuant à produire dans des proportions infimes, et seulement dans le but de conserver quelques hommes mieux à même d'apprécier les livraisons à recevoir.

Leur sévère contrôle des œuvres de l'industrie privée nous procurerait sans doute moins de sabres se ployant en deux, au lieu de se briser sous les efforts de nos soldats, ne voulant en rendre que les tronçons à l'ennemi.

TRAIN.

Le train, chargé des transports de l'armée, soit par voitures soit par mulets, est un corps qui depuis longtemps a été grandement apprécié par les autres troupes, et particulièrement par l'infanterie en Afrique. Nous constatâmes maintes fois l'énergie du soldat du train, lui faisant supporter d'énormes fatigues, ainsi que sa bravoure sur les lieux où il avait à enlever des blessés sous le feu de l'ennemi.

Mais ces qualités mises en lumière par nos petites colonnes algériennes, où, comme l'escargot, le soldat d'infanterie porte tout avec lui : ses armes, sa maison

et ses vivres, et où les plus faibles trouvaient à cacher
de petits paquets sur les mulets, déterminèrent à former les compagnies du train en régiments. Cette mesure donnait satisfaction aux officiers les plus méritants, mais allait à l'encontre de cette mobilité
indispensable à une troupe que mille nécessités for-
cent de fractionner presque sans limites. Si elle facilitait le service de l'intendance, d'autre part elle entraînait bien des lenteurs, ou des mécomptes dans leur
emploi pour les troupes.

La formation du train par régiment doit cesser, et
cette troupe devenir partie intégrante des corps qu'elle
accompagne; une compagnie étant spécialement affectée aux états-majors, ainsi qu'aux services généraux.

L'infanterie, pourvue d'un certain nombre de voitures, augmenterait ce moyen de transport par des
voitures de réquisition, et trouverait dans le bataillon composé de diverses spécialités et attaché
à chaque division, des agents pour en prendre la
direction.

Il y aurait aujourd'hui impéritie à ne pas prévoir et
régler en temps de paix ce que peuvent fournir en
ce genre les villes et les campagnes, et ce qui est dit
là pour les transports doit s'appliquer à tous les besoins concernant les armées.

Les divisions et même de simples corps doivent
pouvoir manœuvrer avec indépendance, possédant des
transports suffisants pour leur assurer au moins un
certain nombre de jours de vivres et des munitions. La
cavalerie possède également des voitures que des ré-

quisitions augmenteraient pour répondre à de semblables exigences.

L'artillerie et le génie ont un assez grand nombre de moyens de transport, auxquels s'adjoindraient aussi des voitures civiles.

Il reste donc à penser aux états-majors ainsi qu'aux services généraux, pour lesquels serait formée une compagnie par division, pourvue de tout son matériel. A cette compagnie seraient placées les ordonnances des officiers hors cadre.

Cette troupe du train, sous les ordres d'un capitaine, outre la surveillance de son service spécial, aurait la haute direction de tous les convois de sa division et par conséquent la charge de modifier ou d'activer leur marche en plaçant en première ligne les munitions et les vivres.

Les soldats du train, et particulièrement ceux attachés à l'état-major, devraient être des hommes d'état, capables de réparer et même de confectionner tout ou partie du matériel de transport, les sous-officiers étant chefs d'ateliers.

En temps de paix, ces hommes, en totalité ou en partie, seraient utilisés dans les dépôts ou magasins centraux pour entretenir les bâts, les traits et les voitures en bon état, de façon à ce que ce matériel puisse être immédiatement employé et conduit par eux aux points de rassemblement.

Ces soldats, s'éloignant de leurs ateliers, seraient au besoin remplacés par des hommes des réserves ayant leurs spécialités.

Quant aux livraisons du matériel neuf, on l'obtiendrait de l'industrie privée et par adjudication publique. Il est probable que la concurrence ferait surgir d'autres véhicules que les massives et lourdes voitures de construction militaire. C'est en appliquant la main-d'œuvre civile aux confections nécessaires aux troupes qu'on formera des ouvriers et des outillages, ainsi que des maisons sachant où trouver les matières à employer, nous permettant de pourvoir nos armées, en temps de guerre, mieux et plus vite que dans nos désastreuses années de 1870 et 1871.

GENDARMERIE.

Cette troupe, d'une si grande utilité pour les répressions vigoureuses et répartie sur tous les points de notre territoire, n'a nulle raison d'être organisée en régiments. Leurs colonels ne sont à même de voir les hommes placés sous leur commandement qu'à de rares exceptions, et l'on peut assurer que leur contrôle administratif et disciplinaire n'est nullement nécessaire. Ce haut grade est donc une place de plus à donner à un corps fort honorable, mais dont les officiers n'ont cependant quitté l'armée active que pour se procurer plus de stabilité ainsi que plus de bien-être, et point par des dispositions particulières les portant à s'occuper de la sécurité publique.

Ces colonels, et tout ce qui se groupe autour d'eux,

n'augmentant en rien le rôle des gendarmes, presque toujours en dehors et souvent loin de leur action, sont une dépense qu'on est en droit d'éviter, dans l'état actuel de nos finances.

La gendarmerie divisée par compagnies ou lieutenances n'a besoin, par département, pour y agir avec ensemble, que d'avoir un chef d'escadron près des premières autorités civiles et judiciaires. C'est par lui que parviendraient à ses subordonnés les ordres d'un préfet ou du chef de la magistrature, et c'est à ces autorités que ce commandant aurait à en référer pour toute surveillance ou arrestation. La gendarmerie, si bien appropriée pour comprimer des résistances locales ou individuelles, n'a qu'un rôle des plus effacés à l'armée et auquel suffiraient tout aussi bien quelques cavaliers pris dans les escadrons divisionnaires. Du reste, en temps de guerre, il nous semble plus important de maintenir la gendarmerie sur sa circonscription territoriale que d'en envoyer quelques hommes à la suite de nos colonnes.

Cet emploi spécial de la gendarmerie, plus en rapport avec l'action directe des autorités civiles, doit la rattacher aux ministères de l'intérieur et de la justice, et non au ministère de la guerre. Or, il n'est pas indispensable de concentrer entre les mains de ce dernier pouvoir tout ce qui porte un fusil ou une épée, cela ne peut se comprendre qu'en temps de guerre.

Il est d'autant plus rationnel de laisser la gendarmerie aux autorités qui en font constamment usage, qu'en la rattachant avant tout à l'autorité militaire,

on peut nuire à l'action de la justice, que rien ne doit
gêner dans ses décisions, concerneraient-elles les
plus hauts dignitaires de l'armée.

Les dépenses de ce corps incomberaient donç mi-
partie au ministère de l'intérieur et à celui de la justice qui en dégreveraient le ministère de la guerre,
qu'il importe de dégager de tout ce qui n'est pas une
nécessité pour nos armées.

GARDE RÉPUBLICAINE.

Cette garde, encore moins que la gendarmerie, ne
devrait pas grever le budget de la guerre. Elle forme
un corps de bons soldats, mais qui, en temps de paix,
n'ont guère qu'à surveiller les théâtres dont ils re-
çoivent une rémunération améliorant la solde de la
troupe, et dont les cavaliers ont à remplir le rôle d'es-
tafettes, service que feraient aussi bien les gendarmes.

Cette création nouvelle, car elle date de l'Empire,
n'appartenant ni à l'armée active ni à celle de la
réserve, serait avantageusement supprimée pour les
finances de la guerre et celles de la ville de Paris.
Celle-ci pourrait employer l'économie qui en résulterait à augmenter et à améliorer la situation de ses
gardiens qui rendent à la sécurité publique des ser-
ces qui, de plus en plus, les feront apprécier et
respecter d'une population voyant moins en eux des
agents trop mis en usage au point de vue politique.

SAPEURS-POMPIERS DE PARIS.

Les sapeurs-pompiers de Paris, organisés en régiment, et mentionnés sur les états du ministère de la guerre, devraient tout au plus être rangés au nombre des troupes régionales. Ce classement indiquerait qu'une partie de cette force est appelée à marcher et à combattre au moins avec l'armée de réserve, comme ayant terminé son temps de service dans l'armée active et ayant à payer le même tribut aux corps régionaux.

Cette troupe si utile, mais répartie dans les grandes villes, ne devrait y former que des bataillons ; un état-major de grades élevés y est une superfétation. Elle pourrait, ainsi que la gendarmerie, appartenir à un autre ministère qu'à celui de la guerre, les autorités civiles ayant dans toute la France des rapports directs avec cette troupe, composée de citoyens de tous âges.

RECRUTEMENT.

Le service du recrutement et de la mobilisation permet de suivre les divers mouvements des hommes appelés à faire partie de l'armée active et des réserves ; il est donc d'une grande importance ; on ne peut reprocher à ce service qu'un luxe de documents et de mesures qui seront à simplifier.

En étudiant ce qui est relatif aux agrégations accessoires de l'armée, on est frappé de cette tendance qu'elles ont toutes à exagérer leurs moyens pour arriver à augmenter et grandir leur personnel, par suite, à grossir leurs dépenses.

Le travail que nécessite le recrutement étant plus administratif que militaire, convient mieux à des comptables ou officiers d'administration qu'à des officiers de l'armée active mis hors cadre.

Les bureaux destinés au service de l'armée de réserve comportent 345 officiers retraités.

Il n'y aurait qu'à composer de même les bureaux de recrutement de l'armée active. Il en résulterait que des officiers retraités, qui se présenteraient en grand nombre, y trouveraient une légère indemnité améliorant leur modeste retraite et qu'ils seraient heureux d'avoir encore à remplir des fonctions relatives à leur métier. Ils rendraient ainsi aux rangs des troupes 443 officiers, dont 128 chefs de bataillon, tous encore jeunes et vigoureux. Le service de recrutement, qu'il soit confié à des officiers retraités ou à des officiers d'administration, n'en sera pas moins bien fait, il en résultera une économie pour le budget de la guerre.

REMONTE.

Le rapporteur de la commission du budget, dans son exposé à la Chambre, le 3 juillet 1876, dit :

« A propos du service de la remonte, nous avons reçu de divers côtés des plaintes qui nous portent à croire que la composition des commissions chargées d'acheter les chevaux pour le service de l'armée ne donne pas à celle-ci et au Trésor toutes les garanties désirables. » Nous partageons cette opinion et croyons que, malgré l'honorabilité des membres des commissions, les procédés suivis pour l'achat des chevaux laissent à désirer.

Le marché de gré à gré, qui est le mode adopté, donne cours à des suppositions que certaines préférences et manières d'opérer accréditent, et qu'il importe de supprimer à moins d'impossibilités constatées.

Des éleveurs regrettent la manière dont se font les transactions : ils préféreraient une concurrence sérieuse, où ressortirait mieux la valeur de leurs produits.

Des corps ne sont pas sans se plaindre des qualités insuffisantes de quelques-uns des chevaux qui leur sont livrés.

Il y a dans ces marchés à l'amiable un vice qui fait qu'on est surpris qu'ils soient autant en faveur dans les divers services de l'armée. Il y a dans le tête-à-tête

d'un vendeur avec un ou deux acheteurs des séduc-
tions de personnes et de paroles qui devraient déterminer à les repousser comme application générale.
Les achats en public, après un appel aux éleveurs,
comme les adjudications publiques, devraient être la
règle, et les autres, une rare exception. Les achats au
grand jour feraient promptement justice des acheteurs
maladroits et rendraient difficiles des accommode-
ments particuliers.

Le marché de gré à gré a introduit dans le service
des remontes une sorte de payement qui, fait par des
hommes d'une grande délicatesse et d'une façon
ostensible, ne laisse pas moins que d'être des plus
défectueux.

Des chevaux achetés au-dessous des prix fixés par
le ministre n'en sont pas moins portés au chiffre maximum, afin d'utiliser la différence à des acquisitions
qu'on n'obtiendrait pas en raison de la valeur de certains animaux dépassant les allocations fixées.

Il en résulte des opérations et des écritures qui n'ont
rien d'exact, tout en représentant de réelles dépenses ;
cette manière d'opérer amène le vendeur à recevoir de
la commission la valeur de l'animal livré et à apposer
sa signature sur des pièces en blanc ou insuffisamment
remplies, heureux de n'avoir pas à courir, avec son
mandat, chez un agent des finances.

Les établissements des remontes datent d'un temps
de paix et n'ont fait que grandir ; leur importance s'est
accrue par suite de raisons plus fallacieuses que vraies.

Il fut reconnu utile de faire l'acquisition de jeunes

chevaux, n'ayant par conséquent pas l'âge d'être mis en service, pour les garder dans de splendides écuries, jusqu'au moment jugé opportun de les livrer aux troupes. Le gouvernement possède ainsi une réserve qu'on écoule au fur et à mesure; mais ces animaux, nourris pendant six mois ou même une année, ont à subir les épreuves bonnes ou mauvaises qui résultent des gourmes ou autres maladies auxquelles ils sont sujets.

L'État a ainsi à supporter, avant d'en faire usage, les frais d'un personnel et de la nourriture de ces chevaux, ce qui occasionne pour chacun d'eux un déboursé au moins égal à son prix d'achat, sans compter l'aggravation de dépenses occasionnée par des pertes plus ou moins nombreuses.

Le propriétaire forcé de les conserver sur ses terres n'en exigerait certainement pas une somme équivalente à celle nécessitée par l'achat et l'entretien qu'on vient d'indiquer.

Ces sortes d'acquisitions de jeunes chevaux ne se comprennent guère que pour utiliser de vastes et luxueux locaux, un nombre considérable d'officiers hors cadres et presque tous de grades supérieurs.

Nous ne sommes nullement partisan de ces dépôts de remonte et de la façon d'acheter, et nous pensons qu'on aura tout avantage à supprimer ces établissements et à procéder autrement pour les acquisitions.

Il nous semble préférable de mettre les haras aux mains du pouvoir civil, ainsi que la mission d'indiquer au ministre de la guerre les contrées offrant des ressources comme nombre et espèces d'animaux, et comme prix. Un ministre de l'agriculture, se préoccupant du développement de tous les produits de la France, et plus à même d'obtenir ce qui peut assurer une reproduction non-seulement indispensable à l'armée, mais encore à des besoins généraux, saura mieux qu'un ministre de la guerre, absorbé par bien d'autres nécessités, exercer une action habile et puissante sur la population civile.

Il préviendrait le ministre de la guerre du nombre d'animaux disponibles dans chacune des circonscriptions territoriales; celui-ci enverrait à des époques déterminées des commissions d'officiers acheteurs pris dans les corps, qui procéderaient sur des marchés à des achats et cela d'une manière publique.

Si les acquisitions étaient insuffisantes, on aurait alors recours aux marchands de chevaux, que leur profession met à même de se procurer des animaux en tous pays sans que le gouvernement ait à y engager sa responsabilité ; ces marchands sauraient surmonter bien des difficultés pour se procurer des mulets et des chevaux à des prix suffisamment rémunérateurs pour eux, et dans les conditions déterminées par le ministre.

Un colonel d'artillerie nous déclarait dernièrement qu'un marchand de chevaux avait approvisionné son régiment et qu'il n'avait jamais eu, par la remonte, un ensemble d'animaux aussi bien appropriés à son service. Il ajoutait :

« Ils ne dépassaient pas le prix réglementaire et offraient l'économie de ne coûter aucun frais de déplace-

ment pour chaque cheval acheté, ce qui ne laisse pas
que de s'élever à une assez forte somme. »

Ces marchands, ainsi que cela a eu lieu, auraient
à faire accepter leurs animaux ou à se les voir refuser
par des commissions d'officiers de cavalerie ou d'artillerie; procédés suivis par les agents des grandes
administrations de voitures et de chemins de fer.

Les animaux à livrer à l'armée de réserve le seraient
d'après les renseignements fournis par les maires, les
préfets et même le ministre de l'agriculture, au ministre
de la guerre qui saurait ainsi les contrées où puiser
les animaux de trait et de selle, et c'est par les bureaux
de mobilisation régionale qu'il en ferait opérer la répartition.

Supprimer le service des remontes et les haras tenus
par des militaires, c'est une mesure rationnelle, diminuant les dépenses du budget de la guerre; c'est
rendre au service actif colonels, chefs d'escadrons
et officiers inférieurs; c'est éviter de voir arriver de
grade en grade ces officiers à la position de général
et de confier des troupes à de hauts dignitaires ayant
oublié leur métier en achetant des chevaux.

DÉPÔT.

La commission de la guerre a déjà statué la suppression de la compagnie hors rang des dépôts, de
leurs ateliers de confection et des magasins qui leur
étaient propres.

Les deux compagnies conservées sont tout au plus aptes à recevoir les hommes de nouvelle levée pour leur donner une instruction préparatoire avant de les expédier aux bataillons actifs.

Cette préparation devient inutile si la jeunesse reçoit, avant son entrée au service, l'instruction militaire que nous avons préconisée.

En temps de paix, un nouveau contingent sera mieux et plus promptement formé aux exercices et aux manœuvres dans les bataillons qu'au dépôt.

En temps de guerre rien n'empêche, ainsi que cela se pratique chez nos voisins, d'avoir recours aux bataillons de l'armée de réserve pour les façonner au métier. A ce moment ces bataillons ne manqueront pas d'être prêts à marcher et par conséquent à même de recevoir les nouveaux enrôlés, qu'ils sauraient promptement préparer à rejoindre l'armée active.

La suppression des deux compagnies de dépôt d'infanterie et des dépôts des autres corps peut donc avoir lieu sans inconvénient et permettrait de constituer plusieurs nouvelles divisions, tant pour ne pas avoir à trop limiter les chances d'avancement que pour posséder un nombre encore plus grand de cette fraction armée, la seule à maintenir sur notre territoire.

Si le système d'une cinquième compagnie composée d'éclaireurs ne devait pas être adopté, nous verrions avec satisfaction les compagnies des dépôts en former une sixième par bataillon.

Le ministre de la guerre qui vient d'être remplacé désirait ces 6 compagnies, et nous trouvons cette division infiniment préférable à celle de 4 compagnies de 250 hommes, nous en avons déjà exposé les raisons ; quels que soient les essais faits, depuis la guerre, d'un si gros effectif sous les ordres d'un capitaine, notre conviction est que 160 ou 170 hommes sont pour lui un chiffre suffisant, par suite de l'impressionnabilité de ses soldats.

Quant à leur faiblesse relativement aux compagnies allemandes, on y obvierait par les manœuvres de division. Ce mode, mis en pratique sous le deuxième Empire, n'avait présenté que de bons résultats.

La dispersion des compagnies actuelles des dépôts dans les régiments ou leur concentration dans de nouvelles divisions amèneraient la suppression des magasins particuliers à chaque corps, leur besoin se faisant moins sentir par suite de la concentration des troupes par régions. Les dépôts régionaux les remplaceraient avec économie et avantage.

Un dépôt central par division active recevrait tous les effets d'habillement, d'équipement et d'armement des hommes, et, par conséquent, ce qui serait à délivrer aux réservistes.

Un second dépôt garderait et entretiendrait la sellerie, les traits et le matériel roulant non employé en temps de paix.

Ces deux dépôts seraient sous la direction et la surveillance d'officiers d'administration, ayant sous leurs ordres des gardes-magasins de spécialités les rendant propres à garder et à entretenir leur matériel.

Celui des cuirs et machines aurait pour concourir à

12

ce service des soldats du train des différents corps
que la paix rendrait disponibles.

Les troupes en marche en dehors de leur circonscription seraient, au besoin, suivies de magasins éventuels dirigés et administrés par des agents détachés
des magasins centraux, augmentés d'ouvriers connus
et pris dans la réserve.

Les effets confectionnés proviendraient de la main-
d'œuvre civile, et, pour être certain de l'intégrité
des transactions, une commission d'officiers présidée
par l'intendant divisionnaire déciderait en faveur des
meilleures marchandises présentées et les accepterait
ou refuserait suivant que les confections seraient ou ne
seraient pas conformes aux conditions arrêtées. Les
agents gardes-magasins auraient tout au plus voix
consultative. Mais pour avoir des fournitures faciles
à délivrer aux hommes, il faut autre chose que les
vêtements ajustés dont ils sont actuellement pourvus,
et par conséquent n'avoir plus à se conformer à une
pointure déterminant ce qu'il convient de donner à
chaque nouveau soldat. C'est un habillement large,
n'ayant guère comme différence que la taille plus ou
moins haute, permettant de bien vêtir l'ensemble d'une
troupe et de n'avoir que peu d'exceptions ayant besoin
d'un travail particulier.

Le vêtement devrait être pour l'infanterie une sorte
de blouse, se serrant à volonté, descendant au-dessous
du genoux, le ventre et cette autre partie du corps
ayant besoin d'être abrités du froid et de la pluie ; un
pantalon large et à plis ; plus d'ornements inutiles de

rouge ou de toute autre couleur; plus de pantalon ga-
rance, servant de point de mire et désignant trop bien
au loin ou dans les bois l'homme qui en est revêtu.

L'épaulette, dans le principe destinée à préserver
des coups de sabre, portée rarement en campagne,
est à remplacer par une patte, le grade étant suffisamment désigné par un galon autour de la manche. Il
en résultera économie pour l'officier et la troupe.

Les dépôts centraux seraient de préférence placés
près des points de concentration habituels des divisions ou des forteresses et munis toujours dans des
conditions telles que les envois d'effets ou leur distribution puissent s'opérer avec promptitude et économie.

L'armée de réserve aurait également ses dépôts par
divisions, mais un matériel un peu plus fractionné,
afin de permettre aux hommes de cette catégorie de
s'habiller, s'équiper et s'armer sans grand déplace-
ment pour les quelques jours de réunions que nous
espérons voir en exiger.

La constitution des dépôts centraux, indépendants
de l'administration des corps, rendrait leur comptabilité plus simple, n'ayant à justifier que de l'emploi de
la solde, des distributions d'effets reçus, des mesures
prises pour leur entretien et leur conservation, en at-
tendant le versement aux dépôts éventuels ou centraux de ceux non en service pour diverses causes.

Le lieutenant-colonel surveillant et les capitaines
trésorier et d'habillement suffiraient pour cette comptabilité, ce qui permettrait de supprimer l'emploi de
major. Les fonctions de trésorier et d'officier d'habil-

lement seraient beaucoup mieux aux mains d'officiers d'administration, qui devraient occuper toutes les places assises données à des militaires et en faisant des non-combattants.

C'est à la partie administrative, qui nécessite de grands changements dans son organisation, mais dont nous reconnaissons toute l'importance, que nous voudrions voir occuper toutes les fonctions de surveillance des diverses matières ; c'est ce que nous indiquerons dans un prochain chapitre.

JUSTICE MILITAIRE.

Les tribunaux militaires et parquets, confiés à des officiers retraités et à des officiers d'administration, n'enlevant point à l'armée de son personnel, peuvent être maintenus tels qu'ils sont constitués. Ils diminueront d'importance et pourront être réduits, comme nombre, au fur et à mesure que les hommes appelés sous les drapeaux y resteront moins de temps.

On peut leur reprocher, pour des faits n'entraînant que des peines relativement légères, de procéder avec lenteur.

Autrefois, les Suisses à la solde de la France formaient un conseil de guerre par régiment qui décidait de tous les actes sortant des prévisions ordinaires. Sans descendre à cette unité, nous voudrions qu'un conseil de guerre par division eût à juger des faits n'entraînant point une peine afflictive et infamante.

Un des comptables appartenant à l'arme de l'homme traduit en justice servirait de greffier et enverrait les procès-verbaux dans un des conseils de guerre conservés. Les jugements, comme appel, seraient soumis à un conseil supérieur, composé d'officiers d'un grade plus élevé. La sentence serait exécutée sans retard, une répression immédiate étant d'un effet des plus salutaires.

En temps de guerre, cette juridiction pourrait avoir le droit d'appliquer la pénalité la plus sévère.

ÉCOLES.

L'école polytechnique serait entièrement rendue aux services civils ; un savant en serait le directeur et, pour l'instruction militaire, on n'y mettrait que des officiers retraités. Comme récompense due à leurs hautes études, et en raison de ce qui leur aura été enseigné du métier des armes, les élèves de cette école entreraient comme officiers dans l'armée de réserve.

L'école spéciale militaire aurait à être transférée là où il serait facile de faire usage de toutes les armes : vaste terrain pour les manœuvres comme infanterie et cavalerie, plus vaste encore pour l'emploi des canons à longue portée, près d'un cours d'eau propre à la natation et aux travaux de passage de rivières, enfin dans de telles conditions qu'il fût propre à former des officiers aptes à entrer dans tous les corps de l'armée.

L'école supérieure de guerre compléterait cette instruction et désignerait les officiers qui en seraient
avantageusement sortis, comme pouvant prétendre
aux plus hauts emplois, en raison de leur savoir et
de capacités militaires bien constatées.

Ces deux établissements feraient disparaître :

1° L'école d'état-major qui, à l'exception de quelques hommes d'une valeur réelle, en a fourni un trop
grand nombre peu capables;

2° L'école de cavalerie qui, bien que forte sur les détails et ayant une certaine habileté dans l'emploi du
cheval, a cependant peu servi à former une troupe
possédant les qualités que comporte le rôle important
qui lui incombe, et qui nous ont fait si grandement
défaut dans notre dernière guerre ;

3° L'école d'application du génie et d'artillerie, suffisamment remplacée par l'instruction donnée à l'école
militaire et à celle de guerre.

Les écoles de médecine et de pharmacie seraient
conservées, quoique l'appel de tous les hommes des
contingents assure à l'armée active et à l'armée de
réserve un grand nombre de praticiens dans ces deux
sciences.

L'école d'administration militaire continuerait à fonctionner, mais seulement pour y recevoir les sous-officiers reconnus capables d'entrer dans les services
administratifs ; ils y subiraient un stage d'une année
et seraient renvoyés à leur corps en cas d'insuffisance
reconnue, par suite d'examens.

Nous avons déjà fait connaître les mesures larges et libérales que nous désirons voir admettre pour tous les enfants de militaires blessés ou morts dans un service commandé, ou ayant parcouru une longue et honorable carrière.

Les écoles régimentaires ne seraient refusées à aucun d'eux, et les plus capables, comme les plus sages, pourraient prétendre à entrer dans des établissements supérieurs, leur donnant la possibilité d'aborder d'autres carrières que celle des armes.

Les écoles de sous-officiers proposés pour officiers, qu'on semble vouloir instituer dans les plus larges proportions, seraient d'une utilité incontestable si on avait continué à procurer aux classes riches, instruites et même industrieuses, les moyens de s'exonérer du service militaire ; mais cette utilité devient contestable, aujourd'hui qu'à de rares exceptions qui ne tarderont pas à devenir moindres, toute la jeunesse doit pratiquer le métier des armes. Il ne manquera pas d'hommes capables ne demandant pas mieux que de s'y créer une carrière. Ils seront d'autant plus nombreux qu'on saura accorder aux sous-officiers la considération et le bien-être les portant à attendre le moment d'arriver à l'épaulette.

A ces hommes d'élite, les bibliothèques de garnison, les cours régimentaires faits par des officiers, apprendront promptement ce qu'on paraît vouloir enseigner dans les écoles de sous-officiers, que nous croyons par cela même inutile de fonder.

Contraste insuffisant

NF Z 43-120-14

AUMÔNIERS.

Les discussions les plus vives ont eu lieu au sujet
des aumôniers militaires, et, sans s'inquiéter des causes
qui les ont fait disparaître en France, on s'appuie,
pour les incorporer de nouveau à l'armée, sur le
rôle qui leur est affecté dans les troupes de la pro-
testante Allemagne.

Il y a cette différence, entre ce pays et le nôtre,
que le pouvoir impérial et royal a une entière action sur le clergé, qu'il soit catholique, protestant ou
israélite.

C'est un des accessoires de l'armée, soumis comme
elle à la discipline, et rudement mené lorsqu'il se permet de sortir de ses devoirs purement religieux, pour
s'occuper d'agissements ayant pour correctif des lois
ou des règlements militaires.

On sait comme on hésite peu, dans cet empire, à
réprimer vertement aumôniers et évêques, et même
à les condamner à des amendes, ainsi qu'à les mettre
en prison.

Le clergé français est loin d'un semblable régime,
et nous pouvons dire, qu'à moins d'actes classés
parmi les énormités et révoltant la conscience publique, il possède une indépendance absolue.

Ses critiques sur les actes du gouvernement, sur
la société, sur les particuliers, entraînent à peine un
blâme ; on peut donc assurer qu'il jouit d'une complète impunité.

Cette situation, qui existe depuis longtemps, permettait aux aumôniers des régiments d'autrefois de se donner libre cours, ce qui entraînait de graves désagréments qu'on a cru devoir faire cesser.

Nous sommes surpris, qu'au moment où l'on veut les rétablir, personne n'ait cherché à savoir les raisons qui avaient été alléguées contre eux et qui avaient déterminé leur suppression.

Il n'y avait qu'à exhumer des cartons du ministère de la guerre les plaintes nombreuses et les rapports déclarant que les aumóniers, dans les corps de troupes, étaient préjudiciables à la bonne harmonie et à la discipline des officiers et des soldats.

Nous avons eu, dans la garde royale, des parents dans les plus hauts grades et dans des rangs subalternes, et nous n'avons pas oublié les critiques qu'eux tous, bons chrétiens et nullement révolutionnaires, formulaient au sujet des aumôniers.

Ces plaintes, à peu près toutes semblables, se résumaient à ceci :

Les aumôniers prennent trop les habitudes des officiers, lorsqu'ils ne descendent pas jusqu'aux défauts des soldats.

Les rapports constants avec la troupe sont préjudiciables au respect dont doivent être entourés les prêtres ; les fautes des uns, facilement vues et souvent exagérées, nuisent aux qualités que possèdent quelques-uns d'entre eux.

Le prêtre est jaloux de son autorité et souvent en abuse. Il se fait détracteur des hommes qui ne lui plai-

sent point et se montre d'une extrême partialité pour
ceux qui sont ses amis.

Il met une persistance sans égale pour obtenir des
faveurs pour ceux-ci et pour des soldats qui n'ont,
parfois, d'autre mérite que celui de simuler des
principes religieux.

Il met tout en action pour entraver l'avancement
de certains officiers; si les plaintes à ses chefs n'ont
aucun succès, il s'adresse directement au ministre et
même au roi : des officiers fort distingués et militaires
éprouvés, appuyés par leur inspecteur, acceptés par
le ministre, ont été repoussés par suite de délations
arrivées, sans intermédiaire, jusqu'au souverain.

Le prêtre en désaccord avec un officier supérieur,
voire même le colonel, n'hésite point à le critiquer à la
table des officiers où son assimilation l'appelle à prendre
ses repas ou dans d'autres lieux de réunion. Il ne
redoute pas de le faire même avec violence, mettant
en lumière les moindres ridicules et poussant ainsi,
sans qu'il s'en préoccupe, des officiers ou soldats à des
actes de mauvaise volonté ou de résistance dont ils
sont victimes.

Quant à l'action religieuse des aumôniers, possédant
une autorité qu'ils n'hésitent pas à faire sentir, elle
ne produit le plus souvent que des résultats éphé-
mères, si parfois ils ne sont entièrement négatifs; il
nous serait facile d'en citer bien des exemples !

En 1841, le clergé avait obtenu du roi Louis-Philippe que les chefs de corps faciliteraient et useraient
même de leur influence pour faire aller leurs soldats à

la messe; des églises et des heures furent indiquées pour un service affecté aux troupes réparties dans les divers quartiers de Paris.

La suppression des aumôniers était sans doute trop récente pour en proposer le rétablissement.

Les instructions furent données et les officiers invités à contribuer, par leur exemple, à l'entraînement qu'on voulait obtenir des soldats : un grand nombre obéirent à cette injonction, et beaucoup de leurs subordonnés les suivirent; mais la tenue des hommes fut si peu conforme à celle qu'exige une cérémonie religieuse, qu'on crut devoir indiquer comment ils devaient s'y comporter. Il est vrai de dire que des dames et demoiselles se rendaient à l'église, à la messe militaire, et que, sans doute involontairement, elles y causaient de nombreuses distractions.

Les colonels des régiments furent appelés au château pour y recevoir une théorie sur la manière dont le soldat devait entrer et se conduire à l'église.

Notre brave et loyal chef de corps croyait pouvoir donner par écrit, au rapport, ce qui lui avait été indiqué ; les soldats ne se montrèrent pas plus convenables, et, la presse s'emparant de quelques écarts, ainsi que de la théorie écrite, on ridiculisa le pouvoir royal.

Le colonel fut disgracié pour avoir montré trop de zèle et fut envoyé, ainsi que son régiment, de Paris à Perpignan.

Cet essai d'agir sur les soldats, pour les amener à mieux pratiquer, et en plus grand nombre, sur les devoirs religieux, n'eut pas de suites.

En Crimée, des officiers, mus par un sentiment religieux, ou par affection pour un prêtre qui se signalait par sa bravoure et sa conduite, allaient à la messe qu'il célébrait au milieu du camp. Les soldats, assujettis à de rudes labeurs, laissés libres d'y venir, ne s'y présentaient qu'en petit nombre. Pourquoi ? était-ce pour montrer leur indépendance à l'égard de leurs chefs ?

Des messes militaires ont eu lieu dans les camps, à diverses époques, et dernièrement encore avec grand fracas et une pompe toute particulière. Mais ne pourrait-on pas supposer qu'elles avaient plus pour but une manifestation en faveur d'un parti, que le désir de contribuer à la sanctification de soldats parmi lesquels étaient des protestants et des israélites ?

Que des lieux de prières soient établis dans les camps, qu'on laisse, si le service n'en souffre pas, au musulman la liberté entière du vendredi ;

Aux israélites, du samedi ;

Aux chrétiens, du dimanche.

Ils sauront trouver prêtres, pasteurs, rabbins et marabouts pour participer à leurs prières.

En suivant toute autre voie on s'expose à augmenter le nombre des indifférents ou des libres penseurs.

Quant aux directeurs des consciences à utiliser comme aumôniers en temps de guerre, leur chiffre sera probablement au-dessus des besoins qu'on a la prétention de prévoir, si on ne les exclut pas du service dû par tous les citoyens à l'armée active et à l'armée de réserve.

ÉTAT-MAJOR.

Un chef d'état-major général a été créé depuis
la guerre, et nous avons suivi en cela l'exemple
de la Prusse, qui dans la personne du comte de Moltke
a trouvé l'homme ayant su constituer l'état-major le
plus remarquable des États militaires.

Mais, comme nous ne savons procéder que par demi-
mesures, nous n'avons pas su faire du chef d'état-
major français, tout en le maintenant un des subordonnés du ministre de la guerre, un homme nullement forcé de s'occuper de questions en dehors de ses
importantes attributions.

Sa haute position veut qu'il puisse s'y consacrer
d'une manière exclusive. Sa responsabilité doit se ren-
fermer dans le bon fonctionnement de l'école supérieure de guerre, ainsi que dans le choix des officiers
à donner à l'armée comme officiers d'état-major et ingénieurs.

C'est à ce chef, mis en dehors des préoccupations
et discussions relatives à l'ensemble des travaux du
ministère, que revient la mission d'étudier chez nous
et à l'étranger les ressources que présentent les contrées susceptibles d'être parcourues par nos troupes,
les obstacles divers qu'elles peuvent avoir à y surmonter.

C'est à sa surveillance que doivent être remis les
bureaux des cartes et des plans, enfin de tout ce qui

13

est indispensable pour combiner les meilleures opérations tactiques et stratégiques.

C'est autour de lui et sous son impulsion que des officiers d'état-major ou des ingénieurs doivent prendre connaissance de la constitution de toutes les armées et des places de guerre.

C'est en explorant avec eux certaines contrées ou en les chargeant de missions de ce genre qu'il formera des officiers non-seulement aptes à des positions hors cadre, mais encore capables d'exercer de grands commandements.

En cherchant à prendre chez nos voisins ce que nous avons reconnu avantageux, nous ne savons pas nous débarrasser d'une institution qui ne nous a donné que des résultats insuffisants, ainsi que nous l'a trop prouvé la dernière guerre.

L'organisation d'une école supérieure devait amener la suppression de l'école d'état-major, et il semble qu'on veuille la conserver.

Le service d'état-major veut un choix d'officiers fait avec soin et ayant une valeur incontestable ; ce qui n'a pas lieu à l'égard de jeunes gens n'ayant d'autre preuve de capacité qu'un numéro de sortie d'école plus favorable que celui de leurs concurrents. Il en est tout autrement lorsque ces mêmes jeunes gens ont subi l'épreuve d'un commandement de troupe et peuvent faire constater qu'ils ont su augmenter leur instruction générale, afin d'obtenir leur admission à l'école supérieure de guerre, composée de plus d'appelés que d'élus, après un nouveau et sérieux concours.

En temps de paix les officiers d'état-major et du génie rentreraient immédiatement dans les corps et n'en sortiraient que suivant les besoins, réduits au strict nécessaire.

Un général de brigade aurait un capitaine d'état-major et un lieutenant;

Un général de division, un chef d'escadron et un capitaine.

Et si l'on conserve les corps d'armée, ce qui serait une faute, il ne devrait y avoir qu'un lieutenant-colonel et exceptionnellement un colonel assisté de trois officiers.

Notre séjour dans l'armée, comme général durant près de 20 années, nous a appris que ce nombre d'officiers est plus que suffisant pour le service; et l'on ne possédait pas le corps des secrétaires, qui a été créé depuis peu.

Nous voulons les colonels d'état-major le plus longtemps possible à la tête d'un régiment, avant d'arriver à l'épaulette de général, afin de bien les pénétrer des besoins des troupes et de tout ce qu'on peut en attendre comme discipline et dévouement.

En temps de guerre on doublerait le personnel hors cadre en le prenant dans les corps, et les chefs des différents états-majors, suivant l'importance des commandements, pourraient être d'un grade supérieur à celui fixé pour des époques de paix.

La guerre terminée, l'état-major hors cadre reprendrait ses limites restreintes, par extinction, retraite ou mort, ou par suite d'un passage à de nouveaux grades.

Les officiers d'état-major ne surchargeraient point
ainsi les corps d'officiers spéciaux, et si leur nombre
devait être moins nombreux qu'aujourd'hui, ils auraient au moins l'avantage de la qualité et de laisser
aux autres officiers une assez large part à l'avancement.

MINISTÈRE DE LA GUERRE.

Le rôle spécial affecté au chef d'état-major général
n'en laisse pas moins au ministre une immense charge,
qui nécessite des agents d'une grande expérience ;
hommes débutant jeunes, grandissant par leur savoir
et trouvant, grâce à leurs travaux, la récompense due
à une longue et utile carrière. La mission qui leur est
imposée exige plus un caractère d'ordre, de suite dans
les mesures à prendre, que le besoin de promptes conceptions. Ces agents ont à connaître ce qui s'est fait à
diverses époques, même éloignées, pour ne pas présenter comme idées nouvelles ce qui a été rejeté et
laissé dans l'oubli par suite d'impossibilité d'exécution,
ou manque d'accord entre services qui se doivent un
mutuel concours.

Cette expérience, indispensable pour répondre avec
certitude à toutes les prévisions, pour ne pas s'égarer
dans des impossibilités, demande un personnel à poste
fixe et non un de passage et à courte échéance.

Nous admettons que le cabinet particulier du ministre soit en partie composé d'officiers, mais l'élément civil doit prédominer dans tous les bureaux, avec l'espoir pour les plus méritants d'arriver à être chefs de leur service.

Des officiers vieillis dans l'armée ne peuvent prétendre à s'initier instantanément à une multiplicité de détails et de vues que comportent les différentes sections de la guerre. Ils sont donc tout d'abord forcés de se mettre à la discrétion de leurs sous-chefs ; et leur succession, qu'un grade plus élevé procure assez rapidement, occasionne des lenteurs dans les travaux et produit des incertitudes par suite de divergences d'opinion, ce qui en amène un certain nombre à se croiser les bras, se contentant de sanctionner l'œuvre de leurs subordonnés.

L'abus de l'épaulette dans les services du ministère de la guerre, où le besoin d'une longue pratique se fait sentir, est un non-sens, que n'admettaient pas Napoléon Iᵉʳ et l'un de ses lieutenants, le maréchal Soult.

Les ministres de la guerre, dans nos dernières années, ont augmenté le nombre des commissions ayant à traiter chacune un sujet spécial intéressant l'armée. Ces petites chapelles, où l'on discute sans s'inquiéter de la possibilité de voir les décisions acceptées d'une manière générale, n'arrivent presque jamais à déterminer un progrès. On peut même leur reprocher de se laisser trop facilement dominer par de hautes personnalités ou par les plus tenaces dans leurs idées.

Il est heureux que parallèlement à ces commissions fonctionnent les bureaux de la guerre qui traitent les mêmes questions, les résolvent et parfois les repoussent malgré des avis contraires.

On croirait en parcourant les listes, composées presque toutes d'officiers généraux, qu'on s'est surtout préoccupé de leur procurer des positions leur assurant la solde d'activité et les exemptant d'un commandement de troupes.

Les devoirs qui leur sont imposés sont si doux que l'un de leurs membres nous disait : « Depuis plus de six mois, je n'ai point paru à mon comité ; on m'a peut-être convoqué, je ne m'en souviens pas ; en tous cas mes occupations dans ma propriété ne m'auraient pas permis de m'y rendre. »

Au lieu d'avoir des comités d'artillerie, du génie, des commissions de chemins de fer, de santé, d'hygiène, hippique, des travaux publics, etc., etc., ne serait-il pas plus sage et plus économique de s'occuper de tous ces sujets devant les inspecteurs généraux réunis des armes de l'infanterie, de la cavalerie, de l'artillerie et du génie, y compris les intendants et médecins inspecteurs ?

Ce personnel, se réunissant à Paris chaque année, recevrait communication du ministre de la guerre des questions qu'il ne croirait pas devoir résoudre par lui-même, et ces hommes considérables y consacreraient quelques jours, après avoir clos leurs choix à l'avancement.

Il sortirait certainement de ces réunions auxquelles on pourrait adjoindre quelques sommités civiles, des conceptions d'une application plus générale que par les mesures provoquées par des comités n'ayant en vue qu'une spécialité.

Le ministre de la guerre ne peut plus aujourd'hui, en ce qui concerne les fonds mis à sa disposition, en disposer qu'en appliquant à chaque chapitre l'argent que les Chambres y ont affecté. C'est un progrès obtenu depuis la guerre; car, avant, le virement de chapitre à chapitre permettait l'emploi sans contrôle possible des ressources votées. Mais la nouvelle règle n'aura une efficacité réelle que lorsqu'il ne sera plus permis, sous aucun prétexte, de revenir aux errements du passé.

Or, on ne s'en est point fait faute sous divers prétextes : les occupations des pouvoirs, les vacances accordées aux assemblées, ont permis de ne fournir aucune explication ou de n'en donner que d'insignifiantes, dont se sont contentées les commissions, n'ayant pas de nouveaux crédits à demander au budget de l'Etat.

Le procédé du virement de chapitre à chapitre s'est donc perpétué, malgré les arrêtés de l'Assemblée nationale, comme d'autres choses ; les allocations étaient insuffisantes, il y avait péril à ne pas continuer un travail commencé, ou une nouvelle organisation, et on a viré.

Ces virements sont rendus d'autant plus faciles que certains chapitres ont un surcroît de fonds qu'on peut prélever sans nuire aux services qui les constituent.

Mais cette manière d'agir laisse à un ministre une initiative qui peut l'entraîner à des opérations qui n'ont pas toujours leur raison d'être et qui ont même eu des conséquences désastreuses.

Nous croyons donc qu'en aucun cas les virements de chapitre à chapitre ne doivent être autorisés, et qu'il convient même d'exiger plus d'exactitude dans la répartition des fonds par articles.

Il y a rarement, en temps de paix, des cas imprévus, quoi qu'en dise l'exposé de bien des motifs, et un ministre doit savoir se rendre assez compte de ses besoins pour ne pas être forcé d'établir un budget supplémentaire ou des virements. Il est temps qu'on cesse de violer la loi avec impunité, parce que le budget des dépenses, ou plutôt les payements effectués ne sont soumis à l'approbation des Chambres que plusieurs années après qu'elles ont voté les crédits, et qu'il s'ensuit que les pouvoirs législatifs sont en présence de faits accomplis qu'ils n'ont plus qu'à approuver. Il est vrai que jusqu'à ce jour, avec la Cour des comptes, on a reconnu qu'on avait viré à tort, qu'on avait dérogé à la loi, mais que les moindres justifications avaient suffi pour excuser cet excès de zèle; le ministre promettant de ne plus user du même moyen, n'en pensant pas moins à virer encore, s'il le juge à propos. Une des réformes à exécuter, et qui demandent de la part des Chambres un examen minutieux et sévère, c'est sans contredit la répartition des fonds non-seulement par chapitre, mais encore par article. La facilité accordée à un ministre de virer sur un certain nombre d'articles ne doit, en aucun cas, s'étendre davantage sans s'exposer encore à de cruelles déceptions comme en 1870.

RÉFORMES.

Il y a encore bien des réformes à signaler, mais là s'arrêteront nos critiques dans ce chapitre, parce que ce qu'il nous reste à énumérer ne touche point à la bonne organisation de notre armée. Elles sont, pour la plupart, indiquées dans de bons ouvrages militaires, parmi lesquels se distingue le livre publié par un officier d'état-major, actuellement général. Ces réformes viendront en leur temps, car il n'est pas admissible que des hommes chargés des intérêts de la France n'aient pas, un jour, la ferme volonté de retrancher toutes les superfluités qui représentent des millions. Ces économies, appliquées à dégrever les impôts surchargeant les matières premières, indispensables à notre industrie et à notre commerce, leur rendront une suprématie qui s'amoindrit, et qui, si on n'y porte remède, appauvrira notre patrie.

CHAPITRE XVI

HOPITAUX

MÉDECINS MILITAIRES.

Les souverains de la France, surtout aux époques
de guerre, se préoccupèrent de leurs soldats mis hors
de combat et dans l'impossibilité de pourvoir à leur
subsistance. On retrouve de nombreuses traces de
leurs efforts, mais on est longtemps avant de voir
fonctionner d'une manière continue leurs institutions.

Charlemagne, Philippe-Auguste, saint Louis, Charles VII, cherchèrent à procurer des soulagements aux
soldats épuisés qui les avaient servis. François Ier uti-
lise cette classe dans les villes fortifiées, ou les confine
dans des ordres religieux. Sous Henri IV s'établis-
sent des ambulances assez bien organisées pour les
soins à donner aux malades et aux blessés. Sous
Louis XIV, les ressources affectées aux hommes de
guerre sont augmentées, et de plus est créé un lieu de

refuge pour les gens mis dans l'impossibilité de pourvoir à leur subsistance. L'hôtel des Invalides, élevé dans ce but, devint le modèle des établissements hospitaliers militaires.

Une ordonnance de Louis XV et une autre de Louis XVI fournissent des instructions précises au sujet d'ambulances qui, d'une durée précaire, s'étaient peu à peu transformées en hôpitaux permanents.

L'ordonnance de 1780 est trop remarquable pour ne pas trouver ici une place à l'un de ses paragraphes :

« Il est institué un médecin, un chirurgien-major et un apothicaire surnuméraire aux frais du roi dans chaque hôpital militaire ; il est expressément ordonné de n'envoyer dans les hôpitaux que les soldats attaqués de maladies et de blessures graves. *Les chirurgiens des régiments sont spécialement chargés de traiter à la chambre tous les cas légers.* »

Dès cette époque on se préoccupait de restreindre le nombre des hôpitaux militaires et de ne plus en avoir que dans nos villes frontières.

Ces établissements, ainsi que l'indiquent de nombreux écrits, n'avaient été créés et multipliés qu'en raison de l'état médiocre et des plus insuffisants des maisons civiles hospitalières. Les soldats qu'on y envoyait, s'ils n'y pouvaient rendre un service de domesticité, y trouvaient à peine un asile et se voyaient forcés de s'adresser à la charité publique pour augmenter la maigre pitance qui leur était accordée. Mais depuis plus de soixante ans les hôpitaux civils ont pris une considérable extension et il n'y a pas une ville qui ne tienne à honneur d'en posséder, répondant largement aux besoins des populations. Un grand nombre sont de véritables monuments qui rivalisent de confort avec nos plus beaux établissements militaires, et leurs sont même supérieurs.

En présence de cette transformation et persuadé de pouvoir abriter dans les hôpitaux civils beaucoup de nos soldats et officiers , on aurait dû arrêter cette tendance vers les hôpitaux militaires qui n'a fait que s'accentuer. Il semble que dans cette progression ascendante on ait eu pour but autant la satisfaction à donner à des intérêts particuliers, que le besoin d'assurer la bonne hygiène de notre armée. Il s'est opéré dans cette assistance ce que nous avons signalé pour les armes du génie et de l'artillerie, ainsi que pour d'autres spécialités, une extension dépassant les besoins.

Il est incontestable que bien des hôpitaux civils pourraient consacrer une partie de leurs locaux et de leur matériel au service des troupes, et qu'en diminuant un certain nombre de nos établissements militaires, il en résulterait une considérable économie.

Il y a quinze années environ, une ville, favorisée par un ministre de la guerre, voyait agglomérer dans ses murs un effectif de 30,000 hommes ; il ne s'y trouvait qu'un hôpital civil qui sût satisfaire à l'assistance que nécessitait ce surcroît de population.

Il est vrai qu'on suivit peut-être dans cette circonstance ce que prescrit l'ordonnance de 1780, *de con-*

*server dans les infirmeries des corps les hommes
atteints de maladies légères et de blessures sans
gravité.*

Or, pour donner sans doute un contingent suffisant
de malades à nos hôpitaux, il a été défendu aux médecins des corps de garder dans les infirmeries des
malades demandant quelques jours de traitement. Du
reste, les locaux consacrés à ce service sont si étroits,
si mal installés dans les casernes, qu'on semble avoir
voulu y rendre impossible ce moyen simple et économique d'hospitalisation.

Nous avons vu, par suite de modifications apportées
dans le séjour des troupes, en raison de réduction
d'effectifs, des places sans garnison et des hôpitaux
militaires sans malades, ou n'en ayant que deux ou trois
qu'ils gardaient le plus longtemps possible, comme
spécimen et pour donner matière à certaines dépenses
et à des écritures.

Nous pouvons certifier, à ce sujet, une petite histoire de date assez éloignée:

Une de nos petites places était sans garnison depuis près d'une année, lorsqu'un inspecteur général
qui avait à la traverser prévint l'autorité militaire qu'il
visiterait l'hôpital. A son arrivée le personnel était en
bataille dans la cour de l'établissement : employés du
génie, employés d'administration, le comptable de l'hôpital, les médecins en chef et leurs adjoints, le phar-
macien, les infirmiers, environ 40 personnes.

Il n'y avait qu'un malade; encore l'inspecteur crut-
il reconnaître un soldat qu'il avait vu en vedette pour

signaler son approche et qui, couché après avoir fourni une course rapide, pouvait assez bien simuler un fiévreux.

La petite ville possède un hôpital civil plus riche et plus considérable en bâtiments que ne le comportent les besoins de sa population civile.

Les hôpitaux coûtent très-cher et sur beaucoup de points n'ont pas de raison d'être; il n'y a plus à redouter le manque de soins et la misère par suite de l'insuffisance de maisons de refuge; depuis le premier Empire tout s'est amélioré en France, et particulièment l'assistance publique. Ces établissements, bien rémunérés des soins à donner à nos soldats, les accueilleront avec plaisir et le budget de la guerre sera allégé d'une énorme dépense.

La suppression d'hôpitaux militaires offrira comme benéfices la vente de vastes bâtiments, la réduction d'un personnel nombreux et l'économie d'un matériel considérable à acheter et à entretenir.

Le général Charton déclarait à l'Assemblée nationale: « qu'on devrait ne conserver des hôpitaux appartenant à l'Etat que deux ou trois établissements d'instruction. Tout le reste devrait être abandonné aux villes, à la charge par elles d'y recevoir et d'y traiter les malades militaires moyennant un prix d'abonnement qui varie de 1 fr. 20 à 1 fr. 70 c. dans les hôpitaux civils, chiffre inférieur de 20 à 25 0/0 au prix de revient du traitement par l'Etat, qui est en outre obligé d'entretenir des bâtiments et un matériel considérable. »

Nous ne nous montrons pas aussi exclusif et croyons qu'on fera bien de conserver des hôpitaux militaires dans les places fortes susceptibles d'opposer une longue résistance et à cet effet pourvues d'une très-nombreuse garnison. Ces établissements n'auraient guère que dans ce seul cas une sérieuse utilité. En temps de paix nos hôpitaux militaires ont si rarement des cas graves à traiter que les médecins qui en font le service ne trouvent guère à y augmenter leur savoir.

Nous pouvons assurer que, il n'y a pas encore bien longtemps, nous constations que les entrées des hommes à y soigner atteignaient à peu près cette proportion : sur 100 admis, 65 vénériens, 20 fiévreux et 5 blessés, et quelles blessures ! la science de nos docteurs se trouvait ainsi circonscrite dans de bien étroites limites.

Les infirmeries régimentaires, autrement installées dans les casernes qu'elles ne l'ont été jusqu'à présent, permettraient de limiter beaucoup les hommes à envoyer aux établissements civils.

Dans les camps, des ambulances feraient l'office d'hôpital, ce qui enseignerait au commandement comment il convient d'installer ce service en temps de guerre.

Ces ambulances, appelées à fonctionner sur des champs de bataille, chargées de recevoir les malades et de relever les blessés, apprécieraient durant la paix ce qu'elles peuvent abriter et calculeraient les moyens propres à évacuer promptement leur trop plein sur des hôpitaux en arrière des opérations de guerre. C'est alors que les localités qui auraient à les recevoir sauraient trouver locaux, lits, linge, médicaments et médecins, ainsi que cela s'est fait chez nos voisins et ce qui est de règle chez eux.

La suppression de la grande majorité des hôpitaux militaires diminuerait de beaucoup l'importance de la lutte engagée entre les médecins et l'intendance.

Ce dernier corps, en voulant trop embrasser, a causé des résistances partout et voit son action battue en brèche au delà de toute sage limite.

Les médecins militaires auront beau échafauder des arguments pour convaincre qu'ils peuvent se consacrer à leurs malades et à l'administration, ils ne seront pas crus, et leur accorder cette surveillance administrative serait vouloir prouver promptement leur incapacité au détriment de nos finances.

C'est à l'officier d'administration que revient la responsabilité et, par conséquent, la gestion ainsi que l'exécution de certains marchés, et la conservation d'un mobilier considérable.

C'est à l'intendance, représentation du commandement, qu'appartient le contrôle de toutes les parties administratives et, par conséquent, la surveillance du personnel des hôpitaux, des magasins, ainsi que le veto au sujet de dépenses exigeant de considérables déboursés.

Laissons les médecins militaires à leur science théorique et pratique, et, après avoir vu leurs malades à l'hôpital, aux exigences de leur clientèle civile.

Il est certain qu'aucune de leurs sommités ne consentirait à sacrifier ce dernier avantage, s'élevant pour certains d'entre eux à 30 ou 40,000 francs par an, si ce n'est plus, pour se consacrer à une surveillance capable d'absorber leur temps, même au détriment d'études scientifiques assurant leur supériorité médicale.

Entre médecins et pharmaciens, il nous semble naturel que le premier ait la suprématie et le droit de surveillance sur la préparation des médicaments qu'il prescrit.

C'est à ce chef de service qu'incomberait la facilité de certaines dépenses non prévues et dont il aurait la responsabilité en cas d'abus. Nous reconnaissons que, pour des détails, une hiérarchie méticuleuse et paperassière entraîne des lenteurs aussi préjudiciables à l'Etat qu'aux malades.

Nous désirons, par exemple, qu'un médecin en chef, pour procurer une paire de lunettes indispensable à un soldat malade, n'ait pas besoin d'en écrire au sous-intendant, celui-ci à l'intendant qui en écrit au ministre, qui en informe le directeur de l'administration, qui accorde des lunettes, par lettre à l'intendant, celui-ci à son subordonné qui en instruit le médecin en chef.

Ces formalités en temps, encre et plumes, peuvent s'évaluer à une dépense de 10 francs, et comme le soldat a dû attendre deux mois une réponse favorable, car les bureaux ont bien d'autres demandes à satisfaire, en supposant les journées d'hôpital à 1 fr. 50 c. on arrive à avoir déboursé 100 francs pour une paire de lunettes de 3 fr. 50 c.

CHAPITRE XVII

SUBSISTANCES ET HABILLEMENT.

SUBSISTANCES.

On croit rêver en lisant les grandes irruptions armées de l'antiquité , parcourant d'immenses distances, souvent à travers des contrées médiocrement peuplées et offrant peu de ressources.

Il est vrai qu'alors les hommes de guerre , comme les Arabes de nos jours, savaient se contenter de bien peu de nourriture et de médiocres abris.

Il ne fallait pas moins de la part de leurs souverains guerriers une profonde connaissance des moyens propres à faciliter l'existence parfois d'un million de combattants, et de la part de ces troupes un sentiment de conservation les portant à ne pas gaspiller leurs vivres.

Nous voyons Alexahdre aller de la Macédoine jusqu'aux rives de l'Inde ;

Annibal partir d'Espagne, traverser les Gaules et les Alpes et combattre durant de longues années en Italie, sans que ses marches et contre-marches aient paru entravées faute d'approvisionnements pour ses hommes et ses chevaux.

Les Romains semblent bien rarement arrêtés dans leurs innombrables luttes, aux points les plus éloignés du monde connu.

Caton a écrit : « La guerre en pays ennemi doit nourrir la guerre, et c'est au général à prévoir tout ce qui peut assurer la subsistance de son armée. »

César conquérait les Gaules sans exiger de l'Italie des envois de vivres et d'argent, et trouvait dans sa conquête des soldats et le métal nécessaire pour asservir sa patrie.

Ces conquérants nous paraissent avoir connu à la fois les moyens de se créer des réserves et de se faire fournir par les vaincus, sans les épuiser, ce qu'il était indispensable de procurer à leurs troupes, qui elles-mêmes étaient pénétrées du devoir de n'en disposer que pour satisfaire à de stricts besoins.

Cette science semble s'être perdue avec l'envahissement des barbares qui, marchant avec leurs familles, s'arrêtaient où ils trouvaient une installation convenable, jusqu'au moment où d'autres peuples émigrant comme eux les forçaient à se porter plus en avant et à se jeter sur les provinces romaines, dont les richesses étaient convoitées par tous. Le colosse romain abattu et divisé, on ne vit que bien lentement

les peuples qui lui succédaient chercher à imiter sa
science militaire et sa prévoyance.

Les croisades, mettant en mouvement des masses
considérables, ne produisirent que de piteux résultats. Ces bandes armées, conduites par des rois, des
princes et des prêtres, ravageaient impitoyablement les
contrées qu'elles traversaient et n'arrivaient en Pales-
tine qu'épuisées par les fatigues et la faim. Saint Louis
succombait dans ses tentatives contre les Sarrazins,
et Jérusalem, ainsi que son territoire péniblement conquis, redevenaient une possession musulmane.

Plus tard, quelques efforts furent tentés pour former des troupes régulières et leur procurer des vivres.

Gustave-Adolphe est un des hommes des temps
modernes qui sut mieux assurer de constantes ressources à ses troupes, grâce à une sévère discipline et à une entente parfaite de ce qu'il fallait exiger
des pays où elles combattaient.

Frédéric II s'est montré maître en toutes choses,
et par conséquent dans l'alimentation de ses armées.
Puis Napoléon Ier, dont l'action s'est étendue sur presque toute l'Europe, usa, mais moins bien, des richesses
des pays que ses armées réduisaient à subir ses volontés.

Avant lui, en France, Louis XIV, dans ses guerres
qui se résumaient en opérations sur les frontières de
son royaume, faisait établir par son ministre Louvois
un sérieux mode d'approvisionnements. Cet habile ministre, en vue de parer à l'insuffisance du commerce,
de l'industrie et même de l'agriculture, organisait, par-

tout où les armées devaient opérer, des magasins de vivres, d'effets et d'armes; notre pays alors n'avait que très-peu de routes, et encore fort mauvaises, rendant difficiles et lents les transports des moindres produits : il créa, pour l'aider à vaincre ces obstacles, une administration dont le but était aussi d'arrêter des gaspillages alors sans limites.

C'est sur cette organisation que se base encore notre administration actuelle.

En temps de paix et particulièrement depuis la Restauration, les services administratifs dans leurs ordonnateurs, les officiers de l'intendance, pris d'une ardeur sans égale pour les intérêts de l'État, ont tout absorbé, direction, gestion et contrôle, et sont arrivés à réduire leurs agents comptables à la position de manœuvres, sans les dégager de toute responsabilité. Ce pouvoir parvenait en grande partie à se rendre indépendant de l'autorité militaire. Il en résultait, pour celle-ci, une apathie la portant à s'occuper très-peu d'administration, comme si la science des subsistances et autres besoins des troupes était séparable de la science militaire.

Quant aux agents comptables amoindris, il en résultait chez eux une certaine résistance, et l'absence de tout concours pour parer à l'inexpérience de leurs chefs; quelques-uns même eurent tendance à commettre des actes nuisant parfois à l'État ou aux troupes.

Nous avons plus d'une note à ce sujet.

Nous disions, en Algérie, à un intendant: « Pourquoi n'assistez-vous point à la réception des fourrages?

— Nous n'en avons point le temps : nos écritures nous absorbent ; du reste mon comptable me redoute, et je suis certain de n'avoir que des foins et de l'orge de bonne qualité, » et il avait raison. Mais ce qu'il ne voyait pas, c'est que l'agent réduit à l'état d'ilote s'en dédommageait en se créant certains bénéfices.

Nous savions d'un fournisseur, que chaque voiture se rendant sur la bascule établie dans les parcs n'avait d'autre contrôleur de son poids que l'agent comptable, le conducteur se gardant bien de toute vérification. Le comptable, donnant une appréciation moindre que celle livrée, faisait entrer en magasin une plus-value qui disparaissait à l'aide d'un fournisseur ami, livrant en moins la quantité obtenue, mais portant dans ses comptes la somme qu'elle pouvait valoir. Le tort n'existait que pour les autres pourvoyeurs ; quant à lui , il en résultait probablement une gratification.

D'autres opérations étaient désavantageuses pour l'Etat par suite de manque d'entente entre des fournisseurs et l'administration : l'orge était offerte à 10 francs le quintal dans une circonscription algérienne éloignée du littoral ; après diverses propositions un marché se passait à Oran au prix de 16 francs, et, comme le transport s'en faisait par des convoyeurs, l'État eut à payer 22 francs pour renvoyer l'orge au point d'où les derniers adjudicataires l'avaient tirée.

Il nous reste à citer un acte audacieux perpétré au détriment de la troupe ; ce fait se passait du temps où le maréchal Bugeaud était gouverneur de l'Algérie :

Il s'agit d'une distribution de viande faite par l'administration à une colonne assez considérable opérant dans la plaine du Chélif.

Nous étions, à cette époque, capitaine aux tirailleurs d'Alger et, en raison de la spécialité de notre troupe, appelé à recevoir le dernier la viande à délivrer aux indigènes. Le distributeur, en présence de l'intendance, se montrait pressé et grossier envers les officiers de corvée, lorsqu'ils n'énonçaient pas assez vite ce qui devait leur revenir, ou ne faisaient pas enlever prestement leurs rations, une fois pesées. Nous en étions impatienté et, notre tour arrivé, nous répondîmes rudement à l'employé grossier, en faveur duquel l'intendant élevait la voix, lorsqu'il nous vint à l'idée de jeter hors d'une balance les poids qui y étaient restés depuis le commencement de la distribution, sous prétexte de la terminer plus vite, ce que paraissait désirer le chef administratif, afin d'arriver à temps à son dîner. Les plateaux étaient d'un poids différent, tout à l'avantage du distributeur ; grande stupéfaction de l'intendant et menace, de notre part, d'aller sans plus tarder apprendre au maréchal ce qui venait d'arriver et de lui signaler une des pratiques employées pour voler les troupes et peut-être lui-même.

Nous nous dirigions vers le camp, lorsque nous vîmes l'intendant venir à nous et nous supplier de ne point porter une plainte qui pourrait nuire à sa considération, mais promettant de faire bonne et prompte justice de l'employé aux vivres.

Les détails que nous donnons ici ont pour but de prouver combien est vicieux le système donnant à un service à la fois la direction, la gestion et le contrôle ; ce pouvoir unique produisait en Crimée des résultats déplorables.

Dès le début de la campagne, sous prétexte de peu de confiance dans ses subalternes, l'intendance prenait l'entière mission des marchés, oubliant trop d'y faire participer des hommes pratiques en affaires et plus aptes à prévoir certaines exigences. Il en résulta une série de mesures incomplètes, ruineuses pour l'État et nuisibles à la santé des troupes; nous en citerons deux :

Des troupeaux de bœufs achetés en Turquie d'Europe et conduits au point d'embarquement, en hiver, n'y trouvaient point de fourrage et mouraient en masse. Les capitaines de bâtiments à voiles chargés d'en transporter en Crimée, payés en raison du nombre de bœufs embarqués, en prenaient à faire sombrer leur navire et sans avoir du fourrage et de l'eau en quantité suffisante, ce qui était une nouvelle cause de mortalité. Les animaux arrivés à Kamiech et jetés à la mer à quelques pas de la côte s'abreuvaient d'une eau salée qui déterminait d'autres pertes.

Le petit nombre conservé était réparti entre les corps, aucun parc n'ayant été préparé pour les recevoir. Les soldats, malgré leur misère, s'occupaient beaucoup des animaux qui leur étaient confiés, dans l'espérance d'un peu de viande fraîche, compensant la viande salée qu'on leur distribuait et qui était, parfois, médiocrement conservée.

C'est à ce régime que nous dûmes, en grande partie, le scorbut.

Aux derniers mois d'occupation, l'intendance effrayée de ses dépenses et reculant devant de nouveaux approvisionnements délivrait des biscuits noirs et mauvais provenant des magasins turcs ; nos soldats les jetaient et, sur leur solde, allaient en acheter de blancs aux Anglais et aux Piémontais.

L'intendance, pour amoindrir ses fautes et étouffer ce qu'on pourrait dire de son inexpérience, se fit attribuer l'examen de tous les marchés passés pour cette longue guerre. Contrôleurs de leurs actes et aidés par un ministère responsable, ils parvinrent, après un long travail, à pallier leur manque d'aptitude et à jeter un voile épais sur bien des opérations des plus défectueuses.

Ils firent si bien, durant cette besogne, que les journaux leur prodiguèrent de fastueux éloges et qu'ils arrivèrent à couronner leur pouvoir administratif en obtenant le grade d'inspecteurs généraux, les élevant au rang de général de division.

La guerre d'Italie, au point de vue des approvisionnements, ne prouva point que l'administration eût grandement progressé. Les troupes eurent à s'adresser en plus d'une circonstance aux magasins piémontais, et le seul service qui n'eut point d'à-coup fut le service des viandes, livré à une compagnie civile.

Il venait bien des denrées de France à Gênes, mais elles s'y aggloméraient faute de moyens de transport.

La guerre terminée, ces approvisionnements étaient réexpédiés, soit en Afrique, soit en France, et, les Génois n'ayant pas voulu faire l'acquisition de biscuits avariés, ils étaient transportés dans une de nos grandes villes.

On devait en distribuer aux troupes, mais un général énergique s'y opposa, et l'administration dut faire un auto-da-fé des biscuits.

Les achats et emmagasinements par l'État, qui manutentionne et fabrique, étaient avantageux pour nos finances et nos troupes aux époques où tout était confusion, où le commerce et l'industrie ne fonctionnaient pas avec ampleur et facilité.

La situation est complétement changée : le pays possède de magnifiques routes et des chemins de fer qui permettent les transactions les plus considérables et les plus promptes ;

L'agriculture, l'industrie et le commerce grandement développés, ayant à leur tête des hommes puissamment riches, peuvent par eux ou par associations répondre à toutes les exigences de nos armées.

En chargeant le pays de leur assurer et de garder ces approvisionnements, on sera sûr d'y trouver des profits comme qualité et réduction de dépenses. Il faut que l'État renonce aux agglomérations, dans ses magasins, de blés, de farines, d'avoines et de fourrages.

Le pain que fabriquent nos manutentions est d'un aspect moins agréable et d'une qualité inférieure aux produits de nos boulangeries civiles, quoi qu'en disent nos administrateurs, qui prétendent que le premier contient plus de gluten que le second ; ce n'est autre chose que du son en plus grande quantité.

La boulangerie civile fournit le pain de soupe et confectionnera aussi volontiers celui à manger au couteau. Il y aura économie de locaux et de personnel ; notre administration n'aura pas à laisser constater sa lenteur dans la voie des progrès. Il existe actuellement à Cherbourg deux manutentions : celle qui fournit le pain à la marine le livre à quelques centimes moins cher que l'autre, confectionnant le pain aux troupes de terre. Pourquoi ? c'est sans doute grâce à l'emploi de nouveaux procédés.

L'accumulation des fourrages donne également des résultats qui plaident peu en faveur de ce système.

En raison des mouvements des troupes, nous avons vu des meules datant de plusieurs années et, quoique maintenues dans un bon état de conservation, n'ayant qu'une herbe sans suc, nullement nourrissante et parfois nuisible au bon entretien des chevaux.

Les déplacements de la cavalerie nécessitent souvent une manipulation et des transports doublant le prix du fourrage, puis viennent une série de causes de détériorations.

Nous nous entretenions, à ce sujet, avec un de nos grands fournisseurs en fourrages ; il se plaignait des marchés passés de gré à gré et de la courte durée des fournitures à livrer. « Cette manière d'agir, nous disait-il, n'est propre qu'à favoriser les intrigues et les concurrences déloyales. Or, ce qui est bizarre,

c'est que votre administration a mille obstacles à opposer aux adjudications publiques et que ses préférences sont pour l'autre genre d'opération. Nous
voyons alors des concurrents, par suite d'une facilité
momentanée de se procurer des produits, obtenir
la préférence, quoique incapables de livrer une bonne
marchandise ou de parer au moindre renchérissement,
forçant alors l'État de se mettre à leurs lieu et place. »

Il y a en effet, dans les marchés de gré à gré des in-
fluences dont ont peine peut-être à se dégager des administrateurs intègres mais peu pratiques dans leurs
appréciations.

Nous nous rappelons une discussion entre un comptable et son supérieur, celui-ci donnant l'ordre d'accepter des fourrages et celui-là déclarant qu'il fallait
les refuser, comme étant très-mauvais. Ils entrèrent
en magasins. Qui des deux avait raison ?

— Puisque vous trouvez les périodes courtes,
mauvaises pour le fournisseur et la partie prenante,
disais-je au négociant, pensez-vous qu'en adjudication
publique, on verrait des fournisseurs accepter des marchés de longue durée, par exemple de six années,
en prenant comme prix la moyenne de la mercuriale
des six années précédentes ?

—Certainement et de très-sérieux, parce qu'ils sauraient profiter de bonnes années les aidant à parer
aux mauvaises, parce qu'ils pourraient étendre leurs
relations et obtenir de la concurrence de leurs fournisseurs des abaissements de prix.

— Mais consentiraient-ils à garder leurs fourrages ?

— Sans nul doute ; qui peut être plus intéressé à vous donner une bonne marchandise, conforme au cahier des charges ?

— Si, par suite de manque de précaution, l'eau filtrait à travers les toitures et détériorait les fourrages, accepteraient-ils l'obligation de les livrer au commerce et d'en reconstituer en conformité des conventions passées ?

—Ils ne demanderaient pas mieux.

— Si les fourrages venaient à brûler, l'État n'aurait aucune indemnité à leur allouer ?

— N'auraient-ils pas les compagnies d'assurance pour réparer cette perte ?

—Eh bien ! ajoutions-nous, l'État n'aurait plus à jeter au vent ou à délivrer à la cavalerie des fourrages détériorés, ni à supporter la perte de meules incendiées ; il bénéficierait de terrains qui, près ou dans des villes, ont une grande valeur et qu'il vendrait ; il n'aurait plus à construire ou à entretenir de vastes bâtiments, à conserver une masse de gardiens et de manipulateurs qui coûtent cher.

— Et, terminait le marchand, dont dix font la besogne de deux de nos employés.

Nous venons d'énoncer, dans un des paragraphes ci-dessus, qu'un intendant avait fait emmagasiner des fourrages qu'un agent comptable ne voulait pas accepter, les trouvant de trop médiocre qualité.

Ce pouvoir accordé à l'intendance vient de recevoir une plus grande extension par suite d'une décision du ministre de la guerre en date du 25 août 1876,

Nous lisons dans cette pièce : « En cas de difficultés dans la réception des denrées préparées pour la distribution, il est procédé à l'examen avec le concours d'une commission consultative, présidée par un sous-intendant et composée comme il suit :

« Un chef d'escadron,

« Un vétérinaire,

« Deux notables idoines choisis sur une liste dressée à l'avance par l'autorité locale civile ; l'un d'eux par le sous-intendant, l'autre par l'entrepreneur.

« Les membres militaires de la commission sont désignés par l'autorité militaire supérieure. La commission procède dans la forme prescrite par les articles 503 et 504 du règlement des subsistances. Elle délibère : par application des dispositions de l'article 504, le sous-intendant n'est pas astreint à suivre l'avis de la commission si sa propre conviction s'y oppose ; sa décision est sans appel et est exécutée sur-le-champ. »

Il en peut résulter qu'une fourniture trouvée bonne par une commission soit repoussée par la seule volonté du chef de l'administration, jugeant en dernier ressort et contrairement à des hommes compétents.

D'autre part, d'après ce même article 504, toutes denrées reconnues nuisibles à la santé des chevaux ou impropres au service sont détruites immédiatement ou remises au domaine pour être vendues au profit de l'État, sans que l'entrepreneur puisse prétendre à aucune indemnité pour raison de la destruction ou de la vente desdites denrées.

Un entrepreneur en hostilité avec un membre de

l'intendance peut donc, si celui-ci se laisse aller à un acte arbitraire, voir sa situation compromise et, peut-être, sa ruine en résulter.

Nous pensons qu'on ne trouverait rien, dans nos lois civiles, qui puisse être comparé à une décision aussi peu équitable et laissant ainsi à une administration irresponsable le droit de condamnation et d'exécution sans appel.

La commission ayant émis un vœu favorable, les denrées devraient être distribuées; en cas de contestation, à l'autorité militaire du lieu devrait revenir la décision à prendre, et l'intendance n'aurait à prescrire la destruction ou la vente des denrées qu'après que celles-ci auraient été reconnues, par la commission, impropres à l'usage auquel elles étaient destinées.

HABILLEMENT.

Les corps de zouaves et de tirailleurs s'adressaient autrefois directement à des fournisseurs et tailleurs leur donnant des effets bien confectionnés et d'excellent drap. Un colonel du premier de ces corps nous déclarait n'avoir jamais vu sa troupe mieux servie.

Nous, commandant puis colonel du 1er régiment de tirailleurs, devons dire, ne serait-ce que par reconnaissance pour les fournisseurs civils, que nous n'avons jamais vu de troupes mieux habillées.

Du reste, l'intendance n'avait alors rien à objecter, comme qualité et confection, aux effets de nos tirailleurs.

En Crimée, grâce à l'intelligence d'un capitaine d'habillement et du marchand tailleur ayant dans la marine de bonnes relations, les effets, malgré bien des obstacles, arrivaient toujours à temps pour satisfaire aux besoins de soldats usant beaucoup et vite, au milieu des fatigues et des misères d'une rude et longue campagne.

Pourquoi avoir rompu avec ce système, au lieu de lui donner une grande extension? Il avait l'avantage de simplifier les écritures, tout étant imputé à la masse de l'homme. Il avait le mérite d'amener le soldat à avoir soin de ses effets, afin d'avoir un assez gros décompte chaque trimestre et une forte somme à recevoir à l'époque où il était congédié.

On s'est entretenu d'un projet d'étude, au ministère de la guerre, qui aurait pour but la création d'ateliers dans lesquels seraient confectionnées, pour le compte de l'Etat, toutes les fournitures militaires.

Quatre ateliers seraient très-prochainement organisés à Bourges, à Lyon, à Besançon et à Toulouse ; un cinquième serait en voie de création à Paris.

Pourquoi ne pas mettre en adjudication publique les pantalons, les habits, les capotes, les objets en cuir et même l'armement? La population civile saurait y satisfaire, comme elle le fait pour les chemises, les guêtres et les caleçons, et en partie pour les armes. Nous y trouverions une concurrence assurant une bonne confection et des prix moins élevés que ceux obtenus par la main militaire.

La manie de tout centraliser, de ne voir rien de bien que les opérations faites par ses propres agents, et de ne rien laisser à l'initiative privée, est ce qu'on doit combattre à outrance. Suivre d'anciens errements ce serait nous exposer à nous retrouver encore dans des conditions désastreuses et à passer des marchés avec des maisons sans compétence et ne donnant, par suite de leur ignorance et de l'absence d'habiles ouvriers, que des produits sans valeur.

CHAPITRE XVIII

INTENDANCE.

Il n'y a de véritablement dignes de commander des armées que les hommes qui, savants stratégistes, tacticiens habiles, sont en même temps en état de prévoir tous les besoins de leurs troupes.

A ces généraux en chef revient la haute direction de tous les services, ayant pour les seconder leurs généraux de division et de brigade.

La gestion du matériel et des approvisionnements revient à des hommes préparés de bonne heure aux affaires, sachant passer des marchés et veiller à la conservation des produits, ainsi qu'à leur répartition.

A l'intendance, le contrôle, et par conséquent le droit d'examen, pour s'assurer de la bonté des procédés suivis pour répondre aux volontés du commandement, pour la bonne tenue des magasins et l'exactitude des écritures.

Au-dessus de cette position et jouissant d'une indépendance absolue, seraient des commissaires géné-

raux, sortant du corps administratif et ayant pour
mission le contrôle général des opérations administratives; celui des formes adoptées pour les marchés,
de la régularité des opérations et de l'emploi des fonds;
ce dont ils auraient à rendre compte au ministre.

Enfin, si l'on veut obtenir d'heureux résultats, soit
pour les troupes, soit pour nos finances, tout pouvoir disposant des fonds de l'État doit être soumis à
un contrôle :

Les opérations du ministre de la guerre contrô-
lées par les Chambres ; les généraux par les commissaires généraux, relativement aux services administratifs ; les gestionnaires par les intendants.

C'est pour ne pas avoir divisé ainsi la direction, la
gestion et le contrôle, que généraux et intendants ont
été au-dessous de leur tâche dans nos guerres sous le
second Empire.

Les défauts reconnus à l'intendance proviennent
tout d'abord de son point de départ, c'est-à-dire d'une
base mauvaise. Choisir pour ses membres dans l'armée
des capitaines de trente à trente-cinq ans, c'était
s'exposer à n'avoir que des administrateurs incom-
plets ; nous en avons donné des aperçus en traitant
la question des subsistances.

Des examens faciles, donnant trop vite à ces officiers des positions supérieures, les ont rendus exigeants et souvent quinteux, trop disposés à s'accorder
la satisfaction de faire sentir à d'anciens chefs leur
autorité administrative.

On n'a point à reprocher à ce corps, fraction in-

telligente et instruite de notre armée, d'avoir manqué
de capacité, mais bien de pratique ; forcés de n'être,
parfois, que la signature de leur officier d'administration, ou les approbateurs de vues et de projets présentés par leurs autres agents ; intendants
trop chicaniers dans les détails, souvent peu à la hauteur
des grands services entièrement sous leur action.

Nous n'en reconnaissons pas moins que dans ce
groupe administratif il s'est trouvé, et l'on en voit encore, des hommes d'une grande valeur, ayant répondu
à tout ce qu'on devait en attendre, et désireux de concourir à l'œuvre des chefs militaires, au lieu de leur
imposer des entraves. Mais, à part ces exceptions, les
officiers de l'intendance, ambitieux, travaillant trop
à se créer un rôle indépendant, se montrèrent d'une
susceptibilité, quant à leurs prérogatives, les portant
à exagérer leurs droits.

Les preuves en abondent :

Un conseil d'administration d'artillerie se voyait
forcé de protester contre un membre de l'intendance
qui exigeait, près d'un inspecteur général, une place
qui ne lui était pas due.

Nous-même, comme inspecteur général, examinant
dans un hôpital des hommes à réformer, nous nous
trouvâmes dans l'obligation d'imposer à un adjoint à
l'intendance une place qui lui revenait, lorsqu'il en
exigeait une autre.

Réclamation de sa part au ministre, qui approuvait
notre décision.

Un intendant inspecteur chargeait un officier d'admi-

nistration de contrôler la comptabilité d'un bataillon de
chasseurs, lui absent, et sanctionnait de sa signature
un blâme sévère rédigé par son agent, plus zélé
qu'expérimenté ; nos observations au ministre réduisaient à néant le libellé.

En 1862, un intendant inspecteur prescrit à un chef
de bataillon commandant un dépôt d'avoir à refuser
d'obtempérer à notre ordre de suspendre une mesure
administrative prise par lui, jusqu'à ce que le ministre, prévenu par nous d'une mesure irrégulière, en
eût décidé.

La lettre de l'intendant au général inspecteur pour
l'instruire qu'il en référait au ministre, est un modèle
du genre qui mérite d'être connu de nos lecteurs :

« Monsieur l'inspecteur général,

« J'ai eu l'honneur de recevoir une lettre que vous
m'avez adressée le 11 courant.

« Vous avez donné l'ordre au conseil d'administration du 14ᵉ régiment d'infanterie de ne pas exécuter
les prescriptions que en qualité d'intendant inspecteur, je lui avais données dans mon procès-verbal
d'arrêté de comptabilité ; de mon côté, *je maintiens
au sous-intendant l'ordre de le faire exécuter.*

« J'ai exposé à M. le ministre de la guerre que vous
aviez outr-epassé la limite qui sépare les *attributions
des inspecteurs généraux de celles des inspecteurs
administratifs, et que vous l'avez placé* dans l'iné-

vitable obligation de vous rappeler à l'exercice régulier de votre mandat. »

Nous nous empressâmes de transmettre copie de cette lettre au ministre, en lui demandant une punition sévère pour un intendant si peu au courant des droits d'un inspecteur général.

Après un mois d'attente et par suite d'une réclamation des plus énergiques, on se décida à me répondre qu'on blâmait la mesure prise par l'intendant, ainsi que ses procédés.

La lettre du ministre, rédigée dans son bureau administratif, contient les passages qui suivent :

« L'intendant inspecteur ayant prescrit des dépenses et des écritures permanentes non prévues par les règlements et qu'il n'avait pas soumises à une décision préalable, *je ne puis que vous approuver de les avoir annulées.*

« Par dépêche de ce jour, je blâme M. l'intendant... d'avoir outre-passé ses pouvoirs comme inspecteur administratif et méconnu ceux de l'inspecteur général d'arme et d'avoir prescrit à un sous-intendant de sa division de faire exécuter des ordres annulés par vous. »

Un simple blâme pour un fait aussi grave qu'un ordre donné à un officier supérieur de désobéir à son général, prouve combien était grande l'action administrative sur les ministres de la guerre.

Cette lutte, souvent heureuse de la part des intendants, déterminait beaucoup de généraux à ne plus s'occuper des services administratifs que par les yeux et la volonté de leurs chefs, ce qui leur faisait perdre toute initiative et cette qualité de prévoyance, un des agents les plus puissants à la guerre.

Malgré de nombreuses preuves d'impuissance, nos administrateurs, trop grisés de leur importance, dans une grande réunion à Milan, à un dîner, se donnaient une approbation très-caractéristique.

Après des éloges sous toutes formes prodigués au corps, un des toasts était :

« *Aux dames de l'intendance, élite de leurs compagnes, comme l'intendance est la force vive et l'intelligence de l'armée.* »

Un intendant envoyait au ministre de la guerre un ouvrage qu'il demandait à faire imprimer, ce qui lui fut refusé ; *il y prétendait prouver que des intendants maréchaux étaient indispensables.*

Nos démêlés, toujours à notre avantage, avec quelques personnes de ce corps, nous firent considérer, à tort, comme y étant opposé ; tout au contraire, nous en reconnaissons la grande utilité, mais autrement organisé qu'il ne l'est de nos jours.

En 1865, prenant le commandement de la province d'Alger, après quelques rapports bienveillants avec l'intendant divisionnnaire, celui-ci nous déclarait qu'à notre-arrivée il avait été au moment de demander son changement de résidence, tant nous étions redouté par les officiers de son corps. « Mais, ajoutait-il, j'ai vu avec plaisir, que si vous donniez des ordres, vous saviez en prendre la responsabilité, et je suis heureux de nos bonnes relations. » Nous avons été, de notre côté, très-satisfait de la sagesse, de l'expérience de ce haut fonctionnaire.

Les difficultés qu'éprouve trop souvent l'administration à exécuter avec rapidité les demandes qui lui sont adressées nous étant connues, nous faisions prendre en mains par l'autorité militaire de Tlemcem l'organisation de convois nécessaires pour agglomérer à jour fixe, sur un point donné, des approvisionnements. Des velléités d'observations sur cet empiétement tendaient à se formuler, mais elles s'éteignirent en présence de la rapidité d'un résultat que l'administration, avec ses formalités, n'aurait pu obtenir.

C'est grâce au double concours de l'administration et de militaires que nous dûmes de parcourir des contrées à peine connues, dépourvues de toutes ressources, et cela durant soixante jours, sans que les soldats manquassent de viande, de biscuit et de café.

Si nous nous en étions rapporté à un jeune intendant, plein de zèle, et auquel nous fîmes conférer la croix de la Légion d'honneur, mais qui était trop peu expérimenté, nos troupes, dans les steppes que nous avions à parcourir, auraient pu mourir de faim. Il y a donc à faire concourir ensemble la direction qui est le chef militaire, et l'intendance qui est le contrôle, pour avoir une bonne gestion et pour que les troupes aient à temps ce qui leur est indispensable.

En chargeant l'industrie privée et le commerce de pourvoir nos armées et de créer des réserves, on verra disparaître une nuée d'employés formant presque une armée.

Moins de commis aux écritures.

Peu ou point d'infirmiers militaires.

Point d'ouvriers.

Il n'y aurait que des gardes-magasins ;

Des gardes pour les munitions et les armes :

Des officiers d'administration en seraient les chefs ;

Les intendants attachés aux divisions actives et territoriales en seraient les contrôleurs.

A ces cadres, bien établis, viendraient s'adjoindre, en temps de guerre, des auxiliaires pris dans chaque spécialité, et appartenant par leur âge soit à l'armée active, soit à celle de la réserve.

Mais pour avoir des cadres capables de remplir des emplois divers, leur permettant d'y déployer une capacité les rendant dignes des positions administratives les plus élevées, il faut renoncer au concours d'officiers ayant déjà parcouru la moitié de leur carrière et qui n'ont produit, dans leur ensemble, que d'assez médiocres résultats. L'école militaire de Saint-Cyr et les sous-officiers de l'armée de moins de 25 ans rempliraient les fonctions de comptables et de chargés des écritures. Cette dernière catégorie de jeunes hommes présentés par les corps auraient à passer par une école où de sérieux examens les classeraient dans l'administration ou les feraient retourner à leur corps.

Ces jeunes comptables occuperaient, par une progression déterminée, les divers emplois administratifs, y apprendraient à se rendre compte des matières et confections, prendraient part à la passation des marchés, à la surveillance et à la distribution des vivres et fourrages, enfin au contrôle, et, après toutes ces épreuves pratiques, pourraient prétendre aux fonctions d'intendant et, par suite, à celles de contrôleur général.

La répartition des intendants dans les divisions se ferait de façon à ce que leur position comme assimilation ne dépassât point le grade du chef d'état-major, c'est-à-dire celui de lieutenant-colonel ou colonel; une armée pourrait avoir un intendant assimilé au grade de général de brigade, ce qui permettrait au titulaire, en temps de paix, de se voir employé comme commissaire général, fonction qui ne nécessiterait pas un rang plus élevé.

Il en résulterait que les chefs de gestion n'iraient pas au delà du grade de chef de bataillon, à moins d'être appelés à entrer dans l'intendance.

Mais, quelles que soient les mesures prises pour les services administratifs, il n'y a plus à hésiter à séparer la direction du contrôle, et le contrôle de la gestion.

CHAPITRE XIX

RÉSUMÉ.

Nous voulons, pour les troupes à envoyer aux frontières :

A l'exemple des Romains, une infanterie ayant une troupe légère distincte des pesamment armés; des compagnies d'élite, comme en créèrent deux grands souverains : Louis XIV et Napoléon Ier, mais autrement organisées qu'elles ne l'ont été jusqu'à ce jour;

Les écoles consacrées à la population, chargées d'enseigner aux jeunes générations, de l'enfance jusqu'à l'appel sous les armes, un ensemble de notions militaires permettant de réduire la durée du service actif, tout en assurant à l'armée des soldats aptes à entrer en campagne.

Nous voulons dans nos villes et jusque dans les moindres villages des champs de tir, et que les habitants soient encouragés à s'y exercer;

L'instruction militaire prodiguée dans les corps de manière à rendre chaque citoyen, rentrant à son foyer, pourvu d'une plus grande somme de savoir qu'au moment où il le quittait ;

Que l'avancement soit la consécration du savoir et des qualités militaires garantissant aux nouveaux emplois conférés des titulaires capables de les bien occuper;

La durée du service réduite, sans retard, à trois années et bientôt à deux années, lorsqu'une préparation militaire suffisante aura été procurée à toutes les classes de la société; la suppression, à peu près complète, des motifs d'exonération du service militaire;

Les militaires composant les cadres, par conséquent les caporaux et sous-officiers, jouissant d'un bien-être au moins égal à celui que leur procureraient leurs débuts dans la vie civile ;

Une carrière honorable assurée, suivant leur capacité militaire et leur instruction.

Nous voulons des compagnies d'un effectif moindre que celui servilement copié des troupes allemandes et une 5e compagnie par bataillons, formée d'éclaireurs-tirailleurs ;

La suppression des bataillons de chasseurs, qui ne remplissent aucune des conditions que semble indiquer leur nom ;

La suppression des régiments du génie, sans utilité en temps de paix, et auxquels on peut substituer au moins l'infanterie en temps de guerre ;

La cavalerie uniquement composée de chasseurs et de dragons, classification résultant de la taille des hommes et des chevaux et non d'une différence de service;

L'artillerie composée d'hommes à cheval ou à pied, ces derniers peu nombreux et affectés à l'attaque ou à la défense des forteresses ;

La suppression d'emplois hors cadre sans utilité ; la transformation de quelques services : état-major, génie, artillerie, train, recrutement, remonte, gendarmerie, garde municipale, pompiers, aumôniers, ministère de la guerre ;

Une grande diminution d'hôpitaux militaires et une sérieuse organisation des infirmeries des corps et des ambulances.

Nous voulons voir l'armement, l'équipement, l'habillement et tout ce qui est indispensable aux troupes , confectionné par l'industrie privée ;

Les vivres, les fourrages assurés par des marchés passés à assez longs termes pour permettre au commerce de se procurer avec facilité ces approvisionnements ;

Les marchés passés par adjudications publiques, comme règle générale, ceux de gré à gré étant l'exception.

Nous voulons la direction de tous les services remise aux généraux, le contrôle à l'intendance et la gestion aux comptables ;

L'armée de réserve organisée comme l'armée active et prête, comme elle, à marcher et combattre ;

La marine, au rôle agrandi, chargée de la garde de nos côtes et de celles de l'Algérie, ainsi que d'assurer la tranquillité de leur vaste territoire ;

Enfin la garde nationale, composée des hommes

ayant satisfait à leurs obligations militaires dans les
deux armées et divisée en corps actifs et sédentaires,
chargée, seule, de venir en aide aux polices locales
et à la gendarmerie pour assurer la tranquillité publique. A ces vétérans des armées reviendrait aussi la
mission de s'opposer à un ennemi tentant d'envahir
leurs foyers.

CHAPITRE XX

GARDE NATIONALE.

Il existe de nos jours une injuste répulsion à l'é-
gard d'une organisation militaire qui a cependant rendu
d'immenses services pour le développement des institutions, pour l'indépendance et l'agrandissement de la
France. On oublie trop combien les gens des communes
contribuèrent à réduire le despotisme de la noblesse et
du clergé, et par cela même à constituer un pouvoir
unique faisant peu à peu disparaître le morcellement
du pays, qui le rendait impuissant à se défendre. C'est
grâce au concours de cette garde nationale que, princes,
ducs, marquis et barons possédant des fiefs ne purent
plus aussi librement disposer et abuser de leurs vassaux.

C'est à l'esprit militaire développé dans toutes les
classes, au moment où notre patrie était envahie, que
la France a été redevable du grand nombre de soldats
qui la purgèrent des malandrins et des étrangers.

Cette force fut souvent amoindrie et soumise à des

changements lui enlevant de sa vitalité, parce qu'elle
contribuait à maintenir des priviléges péniblement acquis et permettait d'en obtenir d'autres tendant à restreindre les exigences du pouvoir royal. Mais les milices réduites et ne fournissant que des contingents
appelés légions ou régiments n'en figurèrent pas moins
avec honneur sur bien des champs de bataille et dans
la défense des villes.

A Bouvines, les gens des communes remplirent
un rôle important.

C'est aux citoyens de Calais qu'est due la célèbre
résistance qui ne cessa que faute de vivres et après
11 mois de siége.

Les habitants de Beauvais soutinrent plusieurs assauts où une de leurs femmes, Jeanne Hachette,
immortalisa son nom en combattant au premier rang.

400 citoyens d'une petite cité, Saint-Jean-de-Lône,
jurèrent d'incendier leur ville et de s'y ensevelir plutôt
que de la rendre à une armée espagnole qui avait fait
brèche à leurs remparts et livrait de furieux assauts.
Les femmes, acceptant le sacrifice que s'imposaient
pères, maris et frères, se joignirent à eux pour combattre et mourir. Tant d'héroïsme fut récompensé par
l'arrivée d'une armée de secours qui fit lever le siége.

Bon nombre de villes, comme Saint-Malo, déclarèrent n'avoir pas besoin de troupes, ayant leurs citoyens
armés et organisés pour la défense; d'autres, abandonnées au moment de la lutte par leur garnison, n'en
continuèrent pas moins à résister et parfois avec
succès.

C'est grâce aux gardes bourgeoises transformées en garde nationale que sous la première République on obtint la répression prompte et énergique de bien des désordres. Son concours donné aux troupes régulières permit de résister aux étrangers qui, sous prétexte de soutenir une royauté, ne pensaient qu'aux prises de possession de plusieurs de nos provinces.

La garde nationale se distingua à Valmy et à Jemmapes et de ses nombreux bataillons beaucoup s'incorporèrent aux troupes de l'armée active. Elle contribua à la défense de nos places fortes et à Lille elle répondit avec énergie à un formidable bombardement.

Napoléon Ier la négligeait, puis en 1809 approuvait une concentration de gardes nationaux à opposer à une armée anglaise débarquée aux bouches de l'Escaut. En 1813 il faisait organiser de la garde nationale pour la défense des places fortes et la police des villes.

Lors de l'invasion, des bataillons armés de toutes espèces d'armes, à peine équipés et habillés, déployaient une grande énergie.

A la Fère-Champenoise 6,000 gardes nationaux combattaient tout un jour contre une armée, se laissaient broyer par cent bouches à feu et écraser par une nombreuse cavalerie plutôt que de se rendre.

12,000 hommes de la garde nationale, corps trop peu nombreux pour la défense de Paris, se comportaient avec vaillance aux barrières de Clichy et du Trône, à Charenton et à Bercy. Combien l'empereur dut regretter alors d'avoir négligé, après ses premiers revers, de faire constituer une force d'au moins

60,000 hommes qui aurait certainement retardé la reddition de la capitale, ce qui lui aurait peut-être permis de mettre les armées ennemies dans l'obligation de reculer et de voir une grande partie de leurs avantages fort compromis !

L'Empire tombé, les Bourbons firent tout ce qu'ils purent pour discréditer la garde nationale, en réduisant son action à des futilités. En 1827 elle était licenciée.

Réorganisée sous Louis-Philippe, elle donnait de nombreuses preuves de dévouement aux jours de lutte, mais aussi prouvait, par de vives réclamations, qn'elle était sensible à tout ce qui pouvait retarder des progrès reconnus nécessaires.

La deuxième République était heureuse de son concours énergique, qui était mis à une rude épreuve aux affaires de juin.

Le deuxième Empire la réglementait et la réduisait à d'infimes proportions. A l'approche de notre dernière guerre, Napoléon III pensait à y suppléer par la constitution de bataillons de mobiles qui n'étaient encore qu'à l'état de projet au moment où s'engageait le sort de la France.

Nous paraissons aujourd'hui vouloir ne pas adjoindre à nos armées la garde nationale, qui nous a cependant rendu de grands services. Nous nous montrons en cela moins prévoyants que nos derniers adversaires, qui ne la négligeaient point après des revers semblables aux nôtres, et qui après leurs derniers et immenses succès l'ont rendue encore plus apte au service de la guerre.

En 1813, ils donnaient à cette réserve des instructions qui, dans notre situation actuelle, devraient
devenir les nôtres :

« A l'approche de l'ennemi, disent ces instructions,
la landsturm doit faire quitter les villages à leurs
habitants, emmenant avec eux leurs bestiaux et effets ;
emporter ou détruire les farines, les grains ; faire
couler les tonneaux, brûler les moulins et les bateaux,
combler les puits, couper les ponts, incendier les
récoltes. L'État indemnisera les citoyens après la
retraite de l'ennemi.

« Les villes ne seront pas abandonnées, mais la surveillance n'en sera point faite par la garde bourgeoise,
car les désordres commis par la populace nuisent
moins que de laisser l'ennemi maître de disposer
de ses troupes.

« Dans les villes occupées par l'ennemi, les fêtes
et mariages sont interdits.

« La landsturm dans les combats ne doit pas hésiter
à user de tous les moyens préjudiciables à l'ennemi,
à harceler ses troupes, à tuer ou prendre ses soldats
isolés ou maraudeurs. »

En présence d'une nation que rien actuellement ne
semble devoir arrêter dans l'unification de toutes les
forces allemandes, et pour ne pas avoir à redouter
certaines convoitises, les pouvoirs en France ne peuvent davantage négliger de prescrire à tous les citoyens de 20 à 60 ans de se tenir prêts à concourir à
la sécurité de la patrie.

Les communes et villes sauront, comme à d'autres

époques, satisfaire à cette organisation de la garde nationale : chaque citoyen en état d'en couvrir les dépenses s'armant, s'équipant et s'habillant à ses frais, les autres étant pourvus sur un fonds commun de ce qu'ils n'auront pu se procurer.

Les gardes nationaux sortis de l'armée active et de la réserve, car on n'y comprendrait que les hommes ayant accompli les devoirs militaires que nos lois imposent, auraient la maturité que comporte l'âge, et l'expérience qui en est le plus souvent la conséquence. Vétérans des armées, ils se laisseraient moins aller aux fluctuations et à cet amour du changement qui est le fait de la jeunesse; pères de famille ou établis, ils se préoccuperaient davantage d'une tranquillité assurant la prospérité du pays et de leurs propres affaires, ils seraient de sérieux soutiens des lois et du gouvernement.

C'est à la garde nationale seule que nous voudrions voir la mission de venir en aide aux polices locales pour réprimer les désordres. Ces hommes, ayant à leur foyer leur habillement, leur équipement et leurs armes, répondraient aux injonctions de l'autorité civile et ne reconnaîtraient à nul autre pouvoir le droit de les commander, à moins de nécessités de guerre.

Quant à l'armée active et aux réserves, appelées à agir sous des chefs militaires, il ne leur serait permis, en aucun cas, d'user de leurs armes que pour des besoins personnels que définiraient des lois, en même temps que des peines sévères contre ceux qui oseraient y contrevenir.

Le rôle des armées serait aux frontières. A l'intérieur, et sous la responsabilité du ministre de l'intérieur, la police serait faite par les corps spéciaux et par la garde nationale dont les bataillons, en cas de guerre, s'adjoindraient aux troupes pour en partager tous les travaux. La garde nationale serait formée en bataillons et régiments, commandés par des officiers ayant acquis leurs grades dans l'armée active ou la réserve, et non par le produit d'un caprice ou d'une faveur, sans titres autres que des intrigues.

Ces bataillons composés, d'après l'âge, en corps actifs ou sédentaires, assureraient, les premiers, la sécurité en arrière des troupes actives, agiraient contre les corps ennemis isolés et ses éclaireurs s'éloignant de leurs colonnes, participeraient aux siéges et se chargeraient de la défense des places de guerre : rôle qu'on semble vouloir affecter à l'armée de réserve. La partie sédentaire maintiendrait au besoin l'ordre dans ses circonscriptions et veillerait à ce que les réquisitions et autres mesures prescrites dans l'intérêt des combattants ne restent pas à l'état de lettre morte.

Enfin ce que nous voulons, c'est qu'une armée active et une de réserve, à l'effectif de deux millions d'hommes, puissent rapidement se porter à l'ennemi, et que derrière, pour leur venir en aide, il y ait le reste de la nation armée, c'est-à-dire plusieurs millions d'hommes prêts à combattre.

Les armées, quels que soient leur nombre et leur valeur, peuvent succomber ; un grand peuple en armes, jamais ! Il est de plus certain de conserver son territoire et son entière indépendance.

Soyons cette nation, ne tardons pas davantage à la devenir, si nous voulons ne plus être humiliés ou envahis.

FIN.

TABLE DES CHAPITRES

Clichy.—Impr. PAUL DUPONT, 12, rue du Bac-d'Asnières. (1851. 11-6.)